新时代保障粮食安全的科技政策研究

聂常虹　李福君　等◎著

科学出版社

北京

内 容 简 介

本书介绍了我国粮食科技供给与需求状况，回顾和评估了我国粮食科技政策体系、粮食作物育种国际竞争力、粮食生产技术进步贡献率等，并借鉴国际上粮食生产消费典型国家和地区的粮食科技政策特点，提出新时代保障我国粮食安全的科技政策体系建议和前瞻性设计，以及促进粮食产业链、价值链、创新链"三链"融合和维护国家粮食安全的措施路径。

本书可作为粮食科技政策制定者和粮食科研管理机构、科研人员的参考读物。

图书在版编目(CIP)数据

新时代保障粮食安全的科技政策研究/聂常虹等著.—北京：科学出版社，2019.12

ISBN 978-7-03-062918-0

I. ①新⋯　II. ①聂⋯　III. ①粮食安全 - 科技政策 - 研究 - 中国

IV. ①F326.11

中国版本图书馆 CIP 数据核字（2019）第 237401 号

责任编辑：刘俊来　陈会迎　贾　莉 / 责任校对：贾娜娜
责任印制：肖　兴 / 封面设计：黄华斌

科 学 出 版 社 出版

北京东黄城根北街 16 号
邮政编码：100717
http://www.sciencep.com

中国科学院印刷厂 印刷
科学出版社发行　各地新华书店经销

*

2019 年 12 月第 一 版　开本：720×1000　1/16
2019 年 12 月第一次印刷　印张：13 3/4
字数：206 000

定价：128.00 元
（如有印装质量问题，我社负责调换）

本书著作人员

顾　问：汪寿阳　成升魁
总撰写：聂常虹　李福君
各章撰写人员：

前　言：聂常虹

第一章：张　庆　刘　洁　董佳苹　李福君

第二章：张　艺　张晶晶　陈凯华

第三章：赵芝俊　罗　慧　高　芸

第四章：李秀婷　聂常虹　李志遂

第五章：王　峤　寇明桂　魏建武　田凯唱　陈凯华

第六章：杨艳萍　谢华玲　李东巧　迟培娟

第七章：李腾飞　李福君

第八章：聂常虹　李秀婷　黄泽颖　李雨晨　刘晓亭　陈彤

统　稿：刘晓洁　王焕刚　崔明明

序　言

粮食安全、能源安全与金融安全是我国经济安全的三个重要方面。2013年，我国审时度势地提出了"以我为主、立足国内、确保产能、适度进口、科技支撑"的新国家粮食安全观，将"科技支撑"作为保障国家粮食安全的"压舱石"和"推进器"，意义十分重大。

该书作者深入到我国粮食科研机构和粮库、加工厂、装备制造厂等各类企业开展了系统调研，聚焦我国粮食科技供需失衡状况，对我国粮食安全科技支撑水平作了科学评估，分析了我国粮食科技政策演变历程，借鉴国际上粮食生产消费典型国家和地区的政策措施，提出了新时代保障我国粮食安全的科技政策体系，并从颠覆性创新和促进粮食产业链、价值链、创新链"三链"融合的角度指出了粮食科技创新的若干发展方向。

该书的研究工作有突出的特色和创新，不仅研究问题重要、研究方法科学、基础数据翔实，而且提出的观点鲜明、分析深入、结论正确、建议可行。

该书系统地梳理了2004年以来我国连续15年发布的中央关于"三农"问题的一号文件，从育种、生产种植、储藏、加工四个大方面分别考察各类科技政策的提出和应用情况，明确指出：我国的粮食科技政策依附于农业科技政策，政策供给上多以农业科技加以代替，没有对接粮食储藏、物流、加工方面的特殊需求，没有将粮食产前、产中、产后的科技研发紧密衔接。粮食科技在认知度、关注强度以及财政支持强度方面都亟待提高。目前，中央和地方出台的粮食科技政策主要侧重于构建良好的粮食科技发展环境、促进粮食科技成果转移，以及实验室、技术中心等科技平台建设，但普遍对科技金融政策等重视不够。

关于制定和完善我国粮食科技政策，该书提出了四方面的建议：一是建立粮食产业科技创新联盟，打通粮食产业贯通产前、产中、产后的科技成果转化"脉络"；二是以推动业态、产业、模式、技术、产品发生新变化为核心，加强产业链、创新链和价值链的对接融合，依靠创新链提升价值链，延伸、优化产业链，依托产业链布局创新链，形成"三链"融合互助互长的良性循环；三是培育创新人才和团队，夯实粮食产业技术创新的根基；四是加强粮食科技创新链的协同管理，面向整个粮食产业科技创新链——育种、种植、收获、储藏、物流、加工，整合粮食科技创新资源，建立科技创新相关部门的会商机制。

该书在综合评价我国粮食安全与科技投入产出效率的基础上，分析、预测了粮食科技政策体系的发展趋势，设计不同阶段保障我国粮食安全的科技政策路径，提出了前瞻性政策建议。明确建议聚焦我国粮食安全核心问题，开展"粮食科技 2035 愿景"重大创新研究，用 15 年左右时间，重点突破以下八个方面重大粮食科技问题：第一，利用基因组编辑育种技术、农业生物质工程技术、合成生物学技术等，在粮种繁育、优粮优种、特色优质方面取得重大突破，推动国家优质粮食工程实施；第二，利用大数据、云计算、区块链技术，提升粮食管理智能化水平，加快建设"智慧粮库"，推进行业数字化转型；第三，聚焦粮食进出仓、粮情日常监测检查等粮食企业日常作业环节的转型升级技术，借助人工智能技术衍生的机器人、虚拟现实技术将人从繁重的粮食仓储作业中解放出来，实现粮食仓储机械化自动化；第四，突破真菌毒素、重金属含量检测等涉及食品安全的粮食收购现场快速检测技术，突破粮食质量全程追溯难题；第五，突破自主知识产权的粮食及其食品深加工和检验检测高端智能仪器装备；第六，利用新材料、新能源技术，提升粮食仓储设施建设和绿色储粮水平；第七，突破传感器技术，实现粮食储藏和干燥过程中水分在线精准检测和反馈调控；第八，开发基于神经网络、系统动力学、智能优化等多种算法的粮食现代物流供应链管理系统，提升物流效率，降低物流成本，确保精准调运投放。

该书为我国粮食科技进步、为新时代保障国家粮食安全提供了很有价值、很有分量的理论观点、科学方法与政策建议，相信该书的出版一定会产生重要而深远的影响。

汪寿阳

发展中国家科学院院士

2019 年秋于北京

前　言

2013 年以来，我国根据世情、国情、粮情，审时度势地提出了"以我为主、立足国内、确保产能、适度进口、科技支撑"和"谷物基本自给，口粮绝对安全"的新国家粮食安全战略。新战略将"科技支撑"作为保障国家粮食安全的基础性战略支持手段和突破方向，并进一步细化形成了"藏根于地""藏根于技"的战术路线，意义十分重大。但是，从我国粮食科技政策体系和科技成果对粮食产业安全的支撑贡献来看，我国粮食产业从育种到种植、收获、储藏、加工、运输等诸多环节在科技支撑上还有短板弱项，粮食产业链延伸、供应链打造、价值链提升还面临许多挑战，与人民对美好生活的向往和确保国家粮食安全的要求还有差距。在此背景下，深入研究粮食科技政策，完善粮食产前、产中、产后紧密相连的全过程科技创新体系，增强粮食科技支撑能力，成为新时代保障国家粮食安全的重大任务。为此，中国科学院坚持"三个面向"，即面向世界科技前沿、面向国家重大需求、面向国民经济主战场，聚焦国家重大需求，牵头开展"新时代保障国家粮食安全的科技政策研究"，恰逢其时。

课题组认真梳理了近年来我国粮食科技进展情况和存在问题，并深入到我国不同地区的粮食种植合作社、收购企业和储备粮库、加工厂、装备制造厂、粮食码头和运输企业等开展调研，了解各方面对粮食科技的需求和对现行粮食科技政策的评价意见。课题组根据调研结果，对我国粮食安全科技支撑水平进行了全面评估，分析了我国粮食科技政策演变历程，借鉴国际上粮食生产消费典型国家的科技政策，提出新时代保障粮食安全的科技政策体系，并从颠覆性创新和促进粮食产业链、价值链、创新链"三链"融合的角度指出了粮食科技创新的方向。

粮食科研机构研发能力不足、粮食企业自主创新能力不强、粮食产业吸纳新技术动力不够、科技成果转化不顺畅、各类粮食企业研发和技能人才短缺等问题是阻碍我国粮食产业高质量发展的主要原因。2017 年，纳入粮食产业经济统计中的加工企业研发投入 115 亿元，仅占销售收入的 0.4%；从事米、面、油等初级产品加工的企业，95%以上没有研发能力；粮食深加工企业也是主要依赖技术和设备引进，自主创新能力薄弱，持续发展后劲不足。这些问题的破解，是进一步提升粮食生产效率、创新能力，促进粮食产业转型升级，迈向高质量发展之路的关键。

按照科技创新产出阶段理论，科技政策一般包括科学研究政策和技术创新政策。根据政策工具类型可进一步细分为财政引导政策、税收激励政策、科技金融政策、科技人才激励政策、科技创新服务平台政策、知识产权保护政策等。课题组系统梳理了 2004 年以来我国连续 15 年发布的中央关于"三农"问题的一号文件，从育种、生产种植、储藏、加工四个大方面分别考察各类科技政策的提出和应用情况。研究表明，我国的粮食科技政策依附于农业科技政策，没有相对独立、自成体系的粮食科技政策，政策供给上没有对接粮食储藏、物流、加工方面的特殊需求，没有将粮食产前、产中、产后的科技研发紧密衔接。粮食科技在认知度、关注强度以及财政支持强度方面都处于较低水平。目前，中央和地方出台的粮食科技政策主要侧重于构建良好的粮食科技发展环境、促进粮食科技成果转移，以及实验室、技术中心等科技平台建设，但普遍对科技金融类政策的使用关注度不够。

为此，课题组研究提出了改革完善我国粮食科技政策的具体办法：一是建立粮食产业科技创新联盟，打通粮食产业贯通产前、产中、产后的科技成果转化"脉络"，促进形成有利于长期保障国家粮食安全的科技研发和成果推广转化体系；二是以推动业态、产业、模式、技术、产品发生新变化为核心，加强产业链、创新链和价值链的对接融合，依靠创新链提升价值链，延伸、优化产业链，依托产业链布局创新链，形成"三链"融合互助互长的良性循环；三是培育创新人才和团队，夯实粮食产业技术创新的根基；四是加强粮食科技创新链的协同管理，面向整个粮食产业科技创新链——育种、种植、收获、储藏、物流、加工，整合粮食科技创新资源，建立科技创新相关部门的会商机制。

他山之石，可以攻玉。课题组对我国粮食科技发展水平做了国际对比评估。主要粮食作物育种的前沿分析报告显示，2012 年以来，中国在粮食作物育种基础研究领域的相对活跃程度、影响程度、"成本—收益"和综合研究能力等均取得长足进步。其中 2011 年和 2014 年，中国的相对活跃程度超过美国、德国、韩国、日本等发达国家，成为当年该领域最活跃的国家。课题组选出美国、巴西、日本、以色列、欧盟等三类粮食产销典型国家和地区，研究了它们在保障粮食安全方面的政策措施，尤其是在粮食科技政策方面的经验做法。课题组认为，一个国家的粮食安全战略和粮食科技政策取向，必须依托自身资源禀赋和基础，因地制宜发展特色优势产业；必须以科技创新驱动发展，推动农业发展方式转变；必须立足国内实现基本自给，并充分利用国际资源和市场。三类国家和地区的经验做法也告诉我们，作为世界上最大的粮食生产国和消费国，我国人民的饭碗必须牢牢端在自己手里，我们必须按照新时代确定的国家粮食安全新战略，严守"18 亿亩耕地红线"和"谷物基本自给，口粮绝对安全"的底线。

"一粒种子可以改变一个世界，一项技术能够创造一个奇迹。"当前，新一轮科技革命和产业变革蓬勃兴起，全球科技创新进入密集活跃期，颠覆性技术创新层出不穷，新产业、新业态相继涌现，引发了生产力和生产关系的重大调整。

粮食产业是一个涉及生产、收购、储存、加工、物流、销售全供应链的传统产业，要想延伸产业链、提升价值链，提高产业质量效益和竞争力，必须依靠科技创新。课题组研究了颠覆性创新与重塑粮食的路径与方向，认为在新一轮科技革命和产业革命兴起的背景下，我国更需要强化粮食科技创新驱动作用，加速生物技术、信息技术和材料科学在粮食产业的交叉融合，引领粮食产业发展方式深刻变革。21 世纪初，生物燃料乙醇技术的进步，为我国不时出现的玉米、水稻过剩库存资源化高效利用，提供了革命性的解决方案，成就了我国玉米深加工产业的蓬勃发展。如今，生物发酵技术、基因重组技术、生物脱毒技术的应用，将使困扰我们的粮食真菌毒素污染问题等找到可行的解决方案，将使粮食资源精深加工、综合利用的价值链无限延伸。物联网、人工智能、智能制造技术引入到粮食行业，加上绿色生态低碳储粮技术的突破，将使传统的粮食储藏进入高新技术领域，使粮库保管员成为体面的、受人尊重的职业。大数据、云计算、区块链技术的应用，将使粮食库存监管、库存大清查、粮食质量追溯、粮食物流供应链更加智能化、精准化，有利于打造食品安全从田间到餐桌的全产业供应链，有利于大型粮商有效整合资源、形成更具效率的供应链，有利于粮食产销区、产供销上下游利益实现"帕累托最优"。为此，课题组在综合评价我国粮食安全与科技投入产出效率的基础上，聚焦我国粮食安全核心科技需求问题，提出了开展"粮食科技 2035 愿景"重大创新研究的建议。

　　悠悠万事，吃饭为大；手里有粮，心中不慌。当前，我国粮食产业正处在转变发展方式、优化产品结构、转换增长动力的攻关期，只有依靠科技创新，才能推动产业迈上更高水平、更有效益的高质量发展之路。期待本书的出版，能够为我国粮食科技进步、为新时代保障国家粮食安全提供一份有价值的参考。

　　最后，要特别感谢财政部专门提出并安排经费支持我们开展本课题研究，感谢中国科学院前沿科学与教育局、条件保障与财务局对本课题研究的大力支持。感谢汪寿阳研究员、成升魁研究员对课题研究和书籍出版的悉心指导。同时，在课题调研和报告起草过程中，国家粮食和物资储备局安全仓储科技司王宏、张成志、姚磊、管伟举等同志提出了宝贵意见；国家粮食和物资储备局科学研究院翟江临、谭本刚、谭洪卓、郭伟群、刘明、郑沫利等同志给予了全面支持。在此一并表示感谢！

作 者

2019 年 11 月

目　录

第四章　新时代保障粮食安全的科技政策体系……100

第五章　我国粮食科技政策体系评估……110

第一章　我国粮食科技供需失衡问题研究

第一节　我国粮食产后流通领域科技供需分析

当前，全球正在经历一场深刻的科技革命，我国正在加快建设创新型国家，粮食行业作为传统行业迫切需要不断增强科技支撑能力，改变粮食产业粗放式发展的面貌，使传统行业焕发出新的生机与活力。同时，人民群众对粮油消费的需求正在从"吃得饱"向"吃得好"转变，消费者更加注重粮油食品的安全、优质、营养、健康，粮油消费结构升级倒逼粮食产业依靠科技创新，实现高质量发展。

近年来，粮食科技创新聚焦保障国家粮食数量和质量安全，在绿色生态储粮、粮油加工、质量卫生等方面的技术研发和推广应用取得积极进展，粮食行业整体科技水平不断提升，有力支撑了"粮食收储供应安全保障工程""优质粮食工程"等国家重大项目实施，为保障国家粮食安全提供了坚实基础。但是，在看到成绩的同时，必须清醒地看到当前粮食科技与构建更高层次、更高质量、更高效率的国家粮食安全保障体系战略目标需求仍有距离，具体表现为：粮食科技供需失衡，粮食科技创新体系被弱化，专业人才短缺，企业自主创新能力不足，科技成果转化不畅等。新时代新要求，落实总体国家安全观和新粮食安全观，确保"谷物基本自给，口粮绝对安全"，必须深入实施创新驱动发展战略，着力推动"科技兴粮"和"人才兴粮"，为增强国家粮食安全保障能力提供强力支撑。

一、粮食科技供给能力总体改观

（一）粮食科技创新主体及人才队伍明显改善

从供给主体看，科研机构、行业高等院校和少数大型企业是粮食科技创新的主要供给者。从创新人才数量和结构看，据国家粮食和物资储备局统计，截至"十二五"期末，全国粮食行业从业人员为 150.28 万人，其中专业技术人员 18.15 万人，占总人数的 12.1%。从人员结构看，专业技术人员中，高级职称 1.03 万人，占 5.7%；中级职称 4.69 万人，占 25.8%；初级及以下职称 12.43 万人，占比 68.5%。

（二）粮食科技创新投入不断增加

"十五"以来，国家科技计划在粮食行业的投入不断增加，"十五"期间国家科技计划投入 1.9 亿元；"十一五"期间国家科技计划投入约 2.1 亿元；"十二五"期间财政全口径投入约 9 亿元，其中公益性行业科研专项 5.12 亿元，国家科技计划投入约 2.3 亿元；预计"十三五"时期，按照国家科技计划改革的管理模式，粮食产后领域国家科技计划专项财政投入总计约 3.5 亿元。从支持项目技术的领域看，粮食储藏、加工、物流、检测及质量安全、粮食宏观调控及信息化项目分别占总项目数的 15%、56%、1%、4%、5%。

（三）粮食科技创新、成果转化平台建设取得新进展

在创新平台方面，建成了粮食储运、小麦稻谷深加工等 5 个粮食产后领域国家工程实验室。小麦、玉米、大豆、杂粮等 4 个粮食产业技术创新中心启动建设。还建立了 13 个局级工程技术研究中心、3 个局级重点实验室、1 个国家粮食技术转移中心，这些科技创新平台有效加快了相关科学理论、技术和装备的突破，加快了成果的推广。

（四）国际粮食科技合作日益加深

近年来，我国不断加强与世界主要粮食科技先进国家合作交流，特别是在粮食储藏、质量安全等领域合作成效显著，依托中加两国储粮研究平台成立的"中加生态储粮研究中心"高效运行，中国-澳大利亚绿色生态储粮、中国-欧盟政府间粮食质量安全等国际合作项目顺利开展，有力促进了世界先进粮食产后流通领域技术的转化吸收。同时，我国粮食科技专家还担任了国际标准化组织（International Organization for Standardization，ISO）食品技术委员会谷物与豆类分委员会主席、国际谷物科技协会（International Association for Cereal Science and Technology，ICC）主席等职务，为世界谷物科技领域创新做出了突出贡献。我国科研院所积极参与国际标准化工作，主导制修订了《小麦—规格》、《玉米—规格》、《大米 稻谷和糙米潜在出米率的测定》（GB/T 21499—2008）、《谷物和大豆中赭曲霉毒素 A 的测定》（GB/T 5009.96—2003）等 4 项国际标准，实现了以我国为主导涉农领域国际标准制修订零的突破。

二、粮食科技创新体系面临新的挑战

（一）粮食科技供需失衡，有效供给少

一是，实用型技术较多，高精尖前沿研究偏少，大部分研发重在解决粮油加工、储藏过程中的实际问题，特别是 2003 年粮食科技体制改革后，大量科研机构转变为粮食科技型企业进入大型国有粮食集团，研究任务以企业技术需求为导向，更多注重产生经济效益的技术，短期难以转化的公益性、前瞻性和基础性技术研发相对薄弱。二是，现代粮食仓储物流体系研发创新力度不够，粮食收购、储存机械化、自动化程度仍有较大提升空间。三是，一些科研项目与行业需求结合不够紧密，存在低水平重复研究问题，当前就单一问题研究多，长期、关键、共性技术研究难以解决，多学科技术融合创新少，信息技术、生物技术、新材料、先进装备制造技术在粮食行业应用融合不够，难以满足粮食科技需求。四是，粮食产业发展对科技需求强烈，但适应产业发展可直接应用的实用技术及多学科交叉的新型应用技术与行业融合慢，难以有效产生新技术与产业发展相互促进的有效共鸣。

（二）粮食科技创新体系在国家创新体系中逐渐边缘化

一是，政府资金支持有限，粮食流通科技的属性与粮食特点一致，即有较强的公益属性，使用方面具有典型的公共物品属性和较强的正外部性，如果没有政府力量的介入，容易出现"市场失灵"的问题，政府资金支持是保障粮食科技创新有效供给的基础。但目前粮食产后科研项目来源唯一依托于国家科技计划，每年获得经费不到农业领域的 5%，导致粮食产后流通和加工科研不能与产前形成有效互动，短板较多。二是，粮食科技创新体系尚待进一步完善。多年来地方粮食科研体系被弱化，全国粮食科研机构不断萎缩，粮食科研资源配置存在碎片化现象，产学研用协同创新机制不够健全。目前国家级公益性科研机构仅 1 家，中粮集团公司、中储粮集团公司所属科技型企业 6 家，省级粮食科研机构只保留了 9 家，地市以下基本空白。

（三）专业人才短缺，企业整体自主创新能力不足

一是，科技人才队伍不完全适应粮食行业技术进步和产业发展需求，粮食科技创新领军人才匮乏，能聚焦行业需求、有突破能力的科研团队较少。二是，各类粮食企业技能人才短缺，不能很好适应新技术、新装备、新工艺推广应用。三是，多数企业自主创新能力弱，由于粮食行业利润微薄，且科研投入周期长、回报率低，企业自主创新动力不足，2017 年企业研发投入强度为 0.44%（2017 年我国研发经费投入强度达到 2.12%），从事米面油等初级产品加工的企业，95%以上没有研发力量。

（四）科技成果转化不畅

一是，目前科研院所进行的研究任务多以学术为导向，缺乏市场敏感性，市场信息接收与反馈较迟缓，缺乏与企业的有效对接，科技创新不能迅速有效地解决企业实际难题，体现于科研与市场需求脱节，科技成果与企业需求难以互融。二是，缺乏科研成果转化引导资金，科技成果转化的"最后一公里"距离的鸿沟难以跨越，中试检验的科技成果难以直接在生产中推广应用。目前大多数科研院所缺乏可供中试的基地和资金，一方面无法对实验室产生的科技成果进行中试，另一方面不能承担成果转化过程中潜在的风险。

三、粮食产后流通领域科技需求强烈

（一）粮食储运领域技术需求

1. 研究进展

针对我国储粮数量多、品种多、仓型多和地理气候差异大等特点，深入研究了储粮生态学及粮食储藏品质变化机理，总结推广适合不同区域的粮食储运技术和装备，以"粮食储备'四合一'新技术"为标志的储粮技术成功解决了国家储备粮安全储存的高大粮仓熏蒸杀虫不彻底、湿热转移严重、易结露发热霉变和陈化快等难题。成果应用到全国粮食储备库，粮食损耗从4%降到1%以内，宜存率从70%提高到99%，储粮化学药剂使用量减少80%。在此基础上，平房仓横向通风技术、多介质储粮害虫综合防治技术、粮情检测云分析技术、分体负压式谷物冷却技术、充氮气调储粮技术等绿色生态储粮技术成功开发并在生产中应用。

多功能散粮汽车、集装单元粮食散装散运技术和装备等为粮食现代物流提供了有力的保障；光伏发电制冷、水源热泵低温储粮技术等节能减排技术，在粮食储藏等领域得到推广应用；大数据、物联网、云计算等信息技术在粮食收购、仓储物流、质量追溯、市场监管等方面深入融合，实现了温度、湿度、气体浓度等粮情信息的实时采集。

2. 存在问题

粮食收获、清理、干燥方面，还不能做到全程不落地收储，粮食收储环节多，入仓粮食质量参差不齐。粮食储藏技术与管理措施还不能满足储粮品质控制的需要，储粮过程中的品质即时检测、监测技术缺乏。粮仓设计和建设技术有待提高，对控温储粮仓房气密性及隔热保温细部构造设计、功能性暂存仓、收纳仓、分仓储粮缺乏深入研究。粮食仓储出入仓装卸作业，仍以传统的"人背肩扛"或皮带输送机+人工作业为主，劳动强度大、人工成本高、作业环境差、存在安全生产风险。

3. 重大科技需求

（1）储粮害虫综合治理技术：建立动态的储粮害虫及抗性种群发生发展及防治效果评价数据库、储粮虫螨的快速鉴定方法及生物学基础数据库等。研发储粮虫霉绿色防治和综合治理新技术、新设备及高效新药剂。

（2）储粮微生物预警防控技术：开展储粮粮堆微生物区系调查以及不同区域差异性分析，探索不同储粮生态区储粮粮堆发热起因和规律。研发储粮霉菌早期快速检测技术和设备，提前预测粮堆发热前微生物生长繁殖状况，及时采取处理措施，将危害消灭在萌芽状态。建立粮食安全储存判定标准、安全储存时间预测模型，寻求粮堆霉菌发热防控的最佳控制点，用以指导合理的粮食储存及轮换周期。

（3）绿色生态储粮技术：在粮堆多场耦合规律的基础上，完善中国储粮生态理论体系。构建我国粮食储藏基础参数数据库，包括粮粒热物性、粮堆湿热传递模型、储粮工艺模型等。研发有利于保持粮食品质的智能通风技术，研发现代双低储藏、三低储藏工艺技术、粮食加工场所及成品粮储藏害虫物理防控新技术、新产品。开发新型气密隔热保温材料，发展现代低温储粮技术。

（4）粮食干燥技术与装备：研究粮食保质干燥机理、模型及智能化控制系统，开发利用太阳能、热泵、生物质能等清洁能源的粮食，以及干燥尾气净化与余热回收利用技术，实现高效、保质、环保的干燥目标。

（5）粮食仓储物流信息化与装备：研发粮食出入仓机械智能化装备，减少人力消耗，降低作业成本，降低粮库安全事故发生概率。突破粮堆多参数信息采集传感器技术难题，进一步开发并完善粮情测控系统，包括在线粮情监测及粮情数据处理分析等。搭建及应用粮情信息平台，直观展示粮仓、粮库、各省区市平台等多级数据，打造便捷式储粮专家信息系统。建立粮食物流信息追踪系统，便于粮食流通管理，遇到特殊情况可进行追溯，及时发现并解决问题等。加快物联网技术在粮食行业的应用与融合，提升仓储作业智能化操作水平，减少人工作业。

（6）粮食储运安全生产技术：建立粮库危险源辨识与分级、隐患转化与评价技术标准，建立粮食进出仓作业安全生产事故预警、应急处置技术标准，开发安全生产预防技术情景可视化系统。

（7）粮食现代物流技术：开发粮食进出仓作业、装卸、运输等关键物流环节自动化、智能化装备。研发粮食冷链物流技术和装备。建立粮食物流信息平台。

（二）粮油加工品质领域技术需求

1. 研究进展

在主要粮油品种的资源分布及加工品质状况评价研究方面，提出了小麦、稻谷主食品加工品质指数体系，主要杂粮品种功能组分等级分级体系，以及油茶籽等油料油脂的特征指纹谱库。在粮油加工技术与装备开发应用方面，搭建了小麦加工全过程的智能工厂环境、加工流程精益管控系统，开发了菜籽油、大豆油适度加工生产技术。在主食品产业化方面，深入研究了面制主食品、玉米主食品、稻米主食品和油脂等保持营养功能和微量营养元素保持的基础理论和新技术，建立了主食品的营养和食用品质分析评价的技术手段，构建了主食品品质和油脂的评价体系。研发粮油加工副产物综合利用技术、粮食饲料资源高效利用加工技术。

在粮食机械装备方面，大型油脂连续浸出设备已具备与国际产品竞争的实力，粮食色选设备核心技术已经突破，自主创新产品得到市场认可，低速离心设备、油脂加工前处理设备，以及特色油脂加工前处理装备已经为行业发展提供支撑，碾米、磨粉设备已从引进消化吸收再创新过渡到自主创新，低温升碾米设备、小麦加工设备形成新的产品体系，饲料加工设备已经成功"走出去"。

2. 存在问题

当前粮食消费结构已由数量温饱型向质量营养型转变，多元化、个性化、定制化优质粮油产品需求快速增加。目前我国粮油加工业发展方式粗放、大而不强问题突出，产业链条短，成品率低、副产物综合利用率低、附加值低，创新能力不强。粮油产品优质品率处于低位水平，原粮供给质量与加工用途需求脱节严重，粮油产品加工过精过细，营养过剩和缺乏并存；由不合理饮食引起的我国居民肥胖、糖尿病、心脑血管疾病和肿瘤等营养相关慢性疾病的患病率呈逐年上升趋势，严重影响了国民的健康水平和身体素质。

3. 重大科技需求

（1）谷物加工技术：米面适度加工过程中营养品质与食用品质相关性及

其优化调控技术；米、面多样化主食制品及全谷物主食制品生产加工和基于冷链流通保鲜的现代配送关键技术与装备，杂粮与主粮营养平衡复配技术、杂粮复配方便食品加工技术与装备，麸皮等纤维类副产物生物转化生产膳食纤维、活性多糖、功能活性物质技术。

（2）油脂加工技术：食用植物油适度加工的新技术、植物蛋白高效增值利用技术、油料油脂加工副产物精深加工的共性技术、高功能性增值产品绿色制造的多元化集成模式。

（3）生物工程技术：粮油加工特异性酶的基因序列、构效关系及应用关键技术，微生物菌株的遗传工程改造技术、发酵过程控制技术和特定产品分离纯化技术。

（4）粮食深加工转化技术：传统米制品专用粉的加工共性技术与装备研发。开展生物聚合技术、生物化工产品研发，攻克淀粉基材料低成本应用及储备技术，研究玉米全效利用的深加工技术，加强粮食加工副产物的全效利用技术。

（5）粮食加工装备制造：粮食精深加工装备关键零部件和工业控制软件需要突破。加强粮机装备制造智能化、一体化、自动化、精准化、节能化研究，引领技术更新和产业升级。

（6）营养品质改善技术：建立粮油品质营养资源数据库及评价体系；大宗粮食适度加工技术与标准体系；粮油产品品质提升与营养改善技术，利用动物营养学模型手段探讨其变化规律，通过益生菌改善人和动物对粮油产品消化利用效率，以解决粮油主食和副食搭配不平衡等问题。

（三）粮食质量安全领域技术需求

1. 研究进展

聚焦粮食质量安全，建立了粮食品质测报体系，分析了我国粮油产品中重金属、农药残留、真菌毒素等污染物污染途径、迁移规律，开发了超标粮食安全合理利用工艺技术、稻米食味快速检测仪器、粮食检测标准物质等。开展了玉米及其加工副产物中玉米赤霉烯酮和脱氧雪腐镰刀菌烯醇消减技术研究，研发出玉米副产物中玉米赤霉烯酮和脱氧雪腐镰刀菌烯醇发酵消减技术工艺，开发了利用降解菌剂粮食中真菌毒素脱除与卫生污染物监控技术。深入研究粮油及制品的品质检测新方法并开发无损检测仪器设备。

2. 存在问题

专业实验室检测技术和方法急需提升，多残留、多毒素检测方法少，缺乏多毒素的检测国家标准方法，高新检测技术如质谱技术应用较少。基层实验室快速检测技术和产品急需开发，目前粮库一般只配备谷物基本理化检测设备，急需经济、可靠的重金属、真菌毒素、农药残留等重要质量安全指标现场快速检测装备。粮食质量安全防控体系不健全，整体安全关键控制管理技术体系（包括污染削减控制技术和评价体系），以及危害溯源、危害风险分析和风险预测预警模型体系等尚不完善。粮油质量安全系列标准物质缺乏，国内现有具有可靠溯源性的标准物质和工作参考物质远不能满足校准仪器、测试方法和进行检测过程的质量监控的需要，粮油行业所需的标准物质种类较少，重要指标的标准物质缺乏，大量标准物质需长期依赖进口。

3. 重大科技需求

（1）粮油质量安全监测预警与风险评估：粮油质量安全风险评估技术方法、预警模型、风险数据可视化展示技术，粮油质量安全监测数据库和综合监测预警平台构建等。

（2）粮油质量安全新型检测技术和装备：我国典型粮油质量安全污染物质谱数据库构建；粮油质量安全精准、快速、多目标、环保绿色检测技术；

粮油质量安全潜在与未知危害物识别与筛查技术；粮油质量安全快检产品；快速、高通量、自动化和智能化粮油样品前处理技术及新产品装置。

（3）粮油标准物质体系建设、研制技术：粮油标准物质稳定性、均匀性和量值可溯性技术；粮油标准物质的高精度、高准确度赋值（定值）技术；可复制真菌毒素高效定向生物放大制备技术；多种形态、不同系列、急需指标的粮油标准物质研制。

（4）粮油质量安全控制技术：粮油污染物发生、发展规律、机制和预测模型；粮油及制品重要危害物全程追溯技术；粮油质量安全控制和管理技术规范；粮油质量安全溯源与真实性判别技术等。

（5）粮油资源安全合理利用技术：超标粮油和饲用原料的再利用技术；真菌毒素、重金属和农药残留物理、化学和生物工艺脱除技术；真菌毒素降解菌发酵技术和真菌毒素污染粮食的规模化生产应用技术。

（四）粮食产业技术经济领域技术需求

1. 研究进展

主要开展了粮食储备规模品种和结构布局优化及粮食产业经济发展研究，粮食安全评价决策、市场价格监测与预测研究，以及粮食产业发展决策咨询等。

2. 存在问题

粮食产业发展质量不高，产业发展层次低，粮食产业技术支撑能力弱，粮食流通效率低、成本高，粮食产后损失浪费严重，粮食品牌培育发展缓慢，粮食产业竞争力不强，粮食收储矛盾突出，粮食产业补贴机制与价格形成机制扭曲，"一带一路"与粮食产业发展布局不优。

3. 重大科技需求

（1）构建粮食产业经济理论体系：深入研究粮食"产购储加销"体系、产业经济运行模式和粮食流通供给侧结构性改革路径。研究基于信息技术的粮食产后流通新模式、新理论、新业态、新方法。研究我国粮食合理储备规模，探索科学有效的粮食吞吐调节机制。研究互联网+粮食、互联网+金融+粮食的粮食流通业态理论、方法与新模式。

（2）粮食现代物流组织运营模式：粮食物流效率与优化模型、粮食物流高效衔接技术集成与标准化、粮食供求平衡预测模型、粮食应急调运与路径优化模型、粮食物流综合信息服务决策支持平台、收储运一体化的现代化粮食物流体系与管理模式。

（3）开发粮食安全评价模型和多目标决策技术系统平台：研究不同市场环境下粮食产业经济的发展策略，研究不同功能引领下的粮食物流和产业园区选址决策模型和布局优化方案，利用神经网络、系统动力学、智能优化等多种算法，开发分地区、分品种的粮食供给和需求预测技术。

四、提高粮食流通科技供给质量的对策建议

推动粮食产业高质量发展，发挥科技支撑引领作用，需要进一步深化科技和人才体制机制改革，发挥公益性科研机构作用，鼓励引导企业创新，促进创新主体多元化，加快构建以企业为主体、市场为导向、产学研相结合的技术创新体系，加快创新人才队伍建设，不断提升行业整体科技创新和成果转化能力。

（一）促进创新主体多元化，完善技术创新体系

多元化科技创新主体参与科技创新是科技创新体系的共性特征。考虑到粮食科技创新的公共属性，需要进一步加大政府支持力度，从资金、政策导向、

机构设置、创新引导等方面着力投入，做强做优粮食科研院所，加强粮食应用基础研究，突破粮食公益性、前瞻性和基础性技术难题。支持具有较强科技创新能力的中央粮食企业等大型龙头企业开展行业共性关键技术装备的研发攻关和成果推广应用。同时，创新科研模式和创新发展形式，支持企业与高校或科研院所联合开展技术创新和示范，建设产学研相结合的特色实验室（研发中心），开展技术研发和成果推广。

（二）完善粮食科技创新平台体系，加强粮食科技人才队伍建设

统筹规划，完善粮食科技创新平台体系，支持建设国家粮食产业技术创新中心，开展核心技术攻关和关键工艺研究，推进产学研用融合。大力推进人才兴粮，加快培养粮食科技领军人才、优秀创新团队，不断提升技术人才业务素养，引进高端人才，建设院士专家工作站、博士后工作站，推动信息技术、生物技术、新材料、先进装备制造等新技术在粮食行业应用。

（三）以市场需求为导向布局研究项目，促进成果转化

建立围绕保障国家粮食安全、聚焦行业科技需求和制约发展的技术瓶颈的科研任务凝练和科技需求对接机制。参照能源环保、生物医药等领域设立国家科技成果转化引导基金子基金模式，按照政府引导、市场运作的原则，在国家科技成果转化引导基金中单列粮食子基金，促进粮食科技成果转化落地。

第二节 "一带一路"倡议下的粮食科技国际合作分析

"一带一路"倡议提出六周年，我国对外合作进入新阶段，各领域都取得了积极成效。作为我国农业对外合作的重要组成部分，粮食贸易和国际产能合作也取得了积极成效，但粮食科技合作领域尚有巨大的挖掘空间。当前，

我国粮食产后科技与"一带一路"沿线国家深度合作还很少，仅有一些科技型企业在部分国家开展了粮食仓储和加工工程规划设计、设备出口安装和技术培训等合作。粮食科技合作与技术交流尚未实际纳入"一带一路"倡议，尚未对沿线国家提升粮食安全保障水平发挥明显作用。

粮食科技作为保障全球粮食安全的坚实后盾，应列入"一带一路"倡议国家规划，政府层面更加重视，企业层面更加主动，积极推动我国粮食企业和科研机构全方位与沿线国家在粮食仓储物流、精深加工、质量安全和品质控制等领域开展深入持续的合作，服务我国粮食安全战略，构建世界粮食安全的"人类命运共同体"[1]。

一、合作现状：实现由战略规划到实践的落地

"一带一路"倡议下，中哈两国 2014 年确定的产能合作早期收获项目清单确定的我国唯一一项粮油加工型农业项目已经初见成效。西安爱菊集团利用哈萨克斯坦的小麦、油菜籽等丰富原料资源，在当地建设小麦粉加工厂和菜籽油加工厂，利用我国粮食加工技术和成套设备，就地加工成小麦粉、菜籽油后，通过"长安号"回程班列运回陕西，满足国内小麦粉、食用油供需缺口。2014 年以来，我国与捷克开展了"储粮害虫捕食螨生物防治技术合作研究"，顺利完成了捷克捕食螨生态安全评估和技术引进、消化、吸收工作，成功进行了实验室饲养和对主要储粮害虫捕食能力测试，为我国粮食储藏害虫防治找到了一种新的生物防治方法。

2016 年中国国家粮食局与印度尼西亚国有企业部签署《关于加强粮食流通合作备忘录》，聚焦于将中国的粮食仓储设施规划建设能力和粮食储藏、虫害防治技术等引入印度尼西亚。经过双方科研机构互访考察，基本形成了集粮食仓储、物流、加工于一体的综合园区项目建设建议，计划采用中国的散粮和成品粮仓储技术、烘干技术、大米加工技术进行综合示范[2]。

目前，粮食科技合作已经初步实现从国家战略到粮食行业规划再到粮食企业和科研机构实践落实的阶段。在粮食仓储、加工、港口物流等技术装备"硬件"走出去的同时，我国也发挥自身"软件"优势，吸引沿线国家来华培训，学习我国先进实用的粮食仓储减损等技术。2016 年国家粮食局组织开展了亚太经济合作组织（Asia-Pacific Economic Cooperation，APEC）粮食安全政策伙伴关系机制（Policy Partnership on Food Security，PPFS）框架内"APEC粮食标准互联互通研讨会""APEC 小农和中小企业粮食减损技术、经验和有关行动高级别研讨会"。2017 年与世界粮食计划署（World Food Programme，WFP）共同举办针对"一带一路"沿线国家的"小农户粮食产后处理及仓储管理培训项目"。2018 年，国家粮食和物资储备局科学研究院主办的"亚洲合作对话（ACD①）框架下绿色生态储粮技术研修班"，共有来自菲律宾、印度尼西亚等 6 个"一带一路"沿线国家的 20 多位粮食部门官员和技术骨干来华参加培训。这些项目将有助于"一带一路"沿线国家减少粮食产后损失，保障国家粮食安全、食品安全和农业可持续发展。

二、合作潜力：资源与技术互补性强，互惠共赢切实可行

（一）沿线国家具有粮食资源优势与科技需求

"一带一路"沿线 65 个国家粮食资源优势突出，是全球粮食安全的重要保障。65 个国家粮食总产量约 10 亿吨，占世界粮食总产量的 40%。主要粮油作物有稻谷、小麦、玉米、油菜籽、棕榈等。根据联合国粮食及农业组织（Food and Agriculture Organization of the United Nations，FAO）官方数据，"一带一路"沿线的南亚和东南亚国家是世界稻米主产国家，包括中国在内，这些国家的稻米产量占世界总产量的 95% 以上。2016 年稻米产量在 1000 万吨以上的

---

① 全称为 Asia Cooperation Dialogue。

国家主要是印度、印度尼西亚、孟加拉国、巴基斯坦、菲律宾、缅甸、泰国、越南等 8 个国家。"一带一路"沿线的小麦主产国主要是印度、俄罗斯、乌克兰、巴基斯坦、土耳其、哈萨克斯坦、伊朗等 7 国。棕榈主产国主要是马来西亚和印度尼西亚[3]。

按照主要粮食品种、产量和进出口贸易情况，与我国粮食资源供需状况对比，可以将"一带一路"沿线国家划分为典型稻米进口国、稻米出口国、小麦出口国、棕榈油出口国等四类国家，分别采取针对性的合作模式（表 1-1）。例如，印度尼西亚 2014/2015 年度大米产量 3660 万吨，年消费量 3920 万吨，缺口 260 万吨，需要进口。最近几年平均年进口大米 200 万吨以上，可以作为我国稻谷过剩产能的输出国。哈萨克斯坦是主要的小麦出口国，年均出口量占产量的 50%以上，而且与我国毗邻，可以弥补我国优质小麦资源的不足（表 1-2）。马来西亚棕榈油一直是我国的主要进口油脂商品，可以弥补我国食品及工业用油资源的不足。

表 1-1　"一带一路"沿线粮食资源优势典型国家

品种	类别	典型国家	相似国家或地区
稻米	进口国	印度尼西亚	菲律宾、孟加拉国、中东、欧盟等
	出口国	柬埔寨	印度、泰国、越南、缅甸等
小麦	出口国	哈萨克斯坦	中亚五国、独联体四国等
棕榈油	出口国	马来西亚	印度尼西亚

表 1-2　哈萨克斯坦小麦产量及出口量　　　　　　单位：万吨

项目	2013/2014 年度	2014/2015 年度	2015/2016 年度	2016/2017 年度	2017/2018 年度
产量	1394.1	1299.6	1374.8	1498.5	1480.2
出口量	810	553.9	760	740	850

资料来源：国家粮油信息中心市场信息部《2018 年世界粮油市场月报》

"一带一路"沿线 65 个国家粮食技术需求强烈，是粮食科技合作的重要前提。"一带一路"沿线小麦、稻谷典型代表国家，基本属于自然气候条件优良，具备产量和出口优势，但是产后管理和技术比较落后，粮食科技需求强烈。一是原粮及成品粮储运技术落后，设施简陋，粮食仓房主要是老式的房式仓、罩棚仓，保温隔热效果差，仓内温度高、湿度大，储粮极易发生虫害和霉变，储粮品质极易劣变；二是粮食流通基础设施薄弱，港口、码头、铁路运输等物流通道受限制，粮食运输以包粮为主，运输效率低、成本高、损耗大；三是粮食精深加工技术不足，加工厂设施设备陈旧老化，加工水平较低，精深加工、综合利用技术缺乏，产品不够丰富。

　　从沿线国家的区域来看，独联体国家对谷类深加工、粮食储运等技术需求强烈，南亚、东南亚国家对稻米深加工综合利用、棕榈油压榨和深加工等技术需求强烈。"一带一路"沿线部分国家或地区粮食科技需求情况见表 1-3。

表 1-3　"一带一路"沿线部分国家或地区粮食科技需求情况[3]

国家或地区	粮食流通技术状况
俄罗斯	农田基础设施老化严重；物流、仓储和运输设施发展滞后；劳动力短缺；技术和设备不足
中亚国家	农业机械化水平普遍不高，农田基础设施年久失修；粮食单产水平低，储存和运输设备缺乏维护，工艺陈旧，效率不高；粮食加工技术和装备不足
东南亚国家	一些国家农业机械化水平不高，主要依靠人力、畜力；农机、化肥、食品储藏等产业起步晚；铁路、公路等基础设施建设滞后
独联体国家	白俄罗斯、乌克兰农业人口少，劳动力不足，农业生产效率低；农产品和食品加工业发展水平不高
中东欧国家	港口、铁路、公路等基础设施建设有较大需求
西亚、北非国家	一些国家大量可耕地未开发利用，种植技术落后，机械化程度低，农机具大量进口，农产品加工技术落后

（二）我国具有先进实用的粮食储藏、加工、物流等技术工艺

我国从 1998 年以来，实施了多个粮仓建设项目，粮食仓储物流基础设施条件已经居于国际中上游水平。同时，通过科研攻关、集成创新、引进消化吸收再创新，大范围推广使用粮食储备"四合一"技术及其横向通风成套新技术后，我国的粮食储藏技术已经居于国际领先水平[4]。目前已经具备成套的粮食科技输出优势。特别是具有成熟的可转让的储粮适用技术及可落地的仓储工程，可以有效解决粮食仓储和加工企业储粮虫霉防治和保质储存问题，解决大型粮库长期储备杀虫不彻底、湿热转移严重、易结露发热霉变和陈化快等难题。

我国具有长距离跨省"北粮南运"和接卸进口粮食的高效成熟经验及配套物流设备与技术，具有符合技术需求的粮油加工工艺与配套设备。我国的面粉加工、饲料加工、大型榨油装备和仓储烘干设施建设在"一带一路"沿线国家具有广阔推广前景。无锡中粮工程科技有限公司已在白俄罗斯、俄罗斯、马来西亚等国合作建设面粉、饲料、油脂等加工厂，输出小麦淀粉发酵赖氨酸、棕榈油加工等技术。江苏丰尚智能科技有限公司在埃及建设饲料、养殖、油脂、仓储等生产工厂，在欧洲、北美洲设立研究院，形成了全球化研发格局，饲料设备出口至"一带一路"沿线大部分国家。

（三）三类典型代表国家可采取不同的合作模式

基于"一带一路"沿线国家农业资源状况分析和"走出去"调研情况，粮食科技合作的潜力主要集中在与具有丰富粮油资源和良好营商环境的国家，开展粮食仓储、精深加工、物流设施建设、质量安全等方面的合作。同时，积极开展粮食科技"一带一路"合作，意义重大。一是兼顾我国粮食安全战略的"以我为主"和"适度进口"，有效利用沿线国家资源，补给我国

粮源，保障我国粮食安全；二是有助于提升沿线国家粮食科技水平，减少产后损失，保障全球粮食安全；三是带动我国制造业与工程设计建设产能的国际合作，释放我国粮机设备加工制造能力、仓储物流设施建设等过剩产能，实现全球资源有效配置。

1. 建立海外粮食基地，加强"技术–资源贸易"

遵循国家粮食安全战略"以我为主、适度进口"的基本原则，扎根海外建立稳定的粮源基地比单纯开展粮食贸易更加稳妥安全，这是一种对"以我为主"概念的延伸模式。与乌克兰、巴基斯坦、印度尼西亚、菲律宾、埃及等粮油资源丰富的国家，优先对接需求，输出我国先进的粮食储藏、（精深）加工、物流和品质控制等技术及工艺。建立我国海外粮食基地，通过"技术–资源贸易"方式，实现粮油资源与粮食科技优势互补，互利共赢[5]。例如，天津聚龙集团作为中国棕榈油贸易领域中市场份额最大的国内企业，已在印度尼西亚建设 10 万公顷的标准化棕榈种植园，成为我国企业在国外的首个棕榈油压榨厂，依托海外原料资源和国内市场需求，开展加工贸易。

2. 建立粮食产业园区，促进"技术–产品贸易"

兼顾"以我为主"和"适度进口"，利用我国与沿线国家开展农产品检验检疫准入谈判的成果，发挥国别政策进口专项资金的引导作用，拓展粮食贸易，适度增加粮食进口。将东盟、马来西亚和印度尼西亚、哈萨克斯坦等典型代表地区和国家作为稻谷、棕榈、小麦的重点合作区域，在地缘便利、政局稳定、营商环境良好的国家，优先建立粮食产业园区，展开稻谷、小麦、棕榈的仓储、加工、物流等"技术–产品贸易"。"产学研"打包"走出去"，依托高等院校、科研院所与粮机企业，输出粮食科技，实现粮食运输"四散化"、加工"精密化"；依托粮食企业从沿线国家进口原粮，出口加工制品，促进经济往来与交流，实现粮食行业的"高铁换大米"。

3. 建立生物柴油生产基地，布局生物能源基地

能源安全与粮食安全、金融安全并称中国三大经济安全问题。在海外布局能源基地，也是我国保障我国能源安全的重要举措。生物柴油作为石化柴油的替代品，具有优良的环保特性、良好的安全性能、可再生性等特点，已经成为各国重点发展的能源品种。全球生物柴油的植物油来源主要是棕榈油、豆油、菜籽油，主要生产地区或国家分别是欧盟、印度尼西亚、马来西亚、美国、阿根廷、巴西等。印度尼西亚和马来西亚作为世界上最大的棕榈油生产国，可作为我国发展生物柴油的重要基地。可以就地建设生物柴油生产工厂，或将棕榈油转运回国生产生物柴油。也可以依托我国先进实用的生物柴油技术、设备，帮助印度尼西亚、马来西亚提升生物柴油加工水平，降低成本，满足其国内需求。

三、合作瓶颈：政策支持力度不够，基础性技术存在短板

国际上主要跨国粮商，如美国 ADM、美国邦基、美国嘉吉、法国路易达孚四大粮商，以及日本丸红、三井物产等综合商社，开拓国际粮食市场时，都高度重视从"种子到餐桌"的全产业链布局，高度重视粮食科技合作先行。与他们的成功经验相比，我国粮食企业"走出去"还有许多不足，面临很多合作瓶颈。

（一）"一带一路"重大规划未单列粮食科技，粮食科技合作缺乏系统性

目前我国与沿线国家签署的框架协议，发布的联合声明、公报及宣言等，基本上都是按大农业范畴划分。粮食安全作为全球战略，虽然在《推进"一带一路"建设科技创新合作专项规划》《亚欧互联互通优先领域和务实合作

规划文件》等国家重大规划文件中被单列，但是科技支撑只是侧重农业产前、产中的品种选育、种植创制、应对气候变化、农产品加工等，并没单列粮食科技，没有突出粮食产后的储藏、物流、加工和质量控制，没有突出粮食科技在粮食产业链上提质增效的支撑作用。

在此情形下，与"一带一路"沿线国家的粮食科技合作整体处于企业或科研机构零星式、分散化的阶段。缺乏顶层规划，缺乏"产学研"一体化推进机制，粮食科技单点对接合作多，而集仓储、物流、加工于一体的全方位、深层次粮食科技合作较少。企业主要是境外租地、买地、种地，在加工和仓储物流环节涉足较少，产业链不完整，价值链、创新链未贯通；科研机构主要是组织技术交流与培训，尚未与企业和市场有效衔接，粮食科技撬动粮食产业经济发展效果不明显。

（二）国家对涉及粮食仓储、物流、加工领域的国际合作重视不够，投资项目少

目前，我国与"一带一路"沿线国家的合作，项目及资金主要用于港口、道路等基础设施、矿产资源等领域，投入到农业领域的项目并不多，再细分至粮食科技合作领域就更少了。现有"走出去"的粮食企业的海外投资多集中于买地种粮或者租地种粮的生产环节，很少依照产业链整体布局的要求进行粮食全产业链建设，对产业链中下游的仓储、物流、加工、销售等环节重视不够，对粮食科技合作和产业链延伸过程中的技术创新重视不够。

（三）民营企业对外合作机会不均等，"走出去"难度很大

据反映，不同性质粮食企业"走出去"机会不均等问题突出，国有企业特别是中央企业开展合作享受政策福利多，融资审批快，国家有关部门和银行支持力度大。基于这种优势，一些从事基础设施建设的中央非粮食企业有

机会承接粮食国际合作项目，而具有技术优势和国内市场影响力的民营粮食企业却连分包任务都拿不到，导致我国的对外粮食合作项目大部分只能停留在资本密集型或劳动密集型的产业领域，无法进入技术密集型的价值链高端的合作领域。

（四）基础性技术支撑有短板，制约粮食科技高效合作

我国粮食科技优势主要在应用型技术研发方面，如粮食储藏技术、饲料加工技术等在国际上处于领先水平，但是粮食科技基础性研究方面尚有短板。一是高精度检测检验设备研发与欧美等国家或地区存在差距，粮油营养、质量安全追溯等领域的基础性研究相对滞后。二是国内行业基础工艺滞后，如镀锌板加工工艺精度不够，导致仓储工程中钢板仓、输送系统、烘干系统等耐用性和稳定性下降，在技术和设备输出中不具备竞争优势。

四、合作建议：从国家层面推进合作广度与深度

（一）建议把粮食科技合作纳入到"一带一路"倡议的重要内容

粮食安全作为全人类的永恒战略议题，是"一带一路"建设的重要内容。粮食科技和农业科技是保障粮食安全的坚实后盾，应发挥其引领与支撑作用，推动由过去传统产业"优势产能"合作向科技"新产能"合作转变。保障粮食安全需要从种植、收获、储运到加工、销售等各个环节的科技支撑，产前与产后同等重要，不能有所偏废。因此，建议将粮食科技合作纳入"一带一路"倡议的重要内容，独立于大农业科技合作范畴，围绕"一带一路"粮食仓储物流、加工机械国际产能合作，加强对外投资、科学引导、综合服务、有效监管和风险防控[6]。

突出粮食科技合作，一方面，将凸显粮食科技的重要性，提高与沿线国家

粮食科技合作的针对性、精准性，实现效益最大化；另一方面，有利于促进粮食科技与农业科技的协同发展，扩大国内粮食产业和消费升级以及绿色发展急需的技术、产品和资源进口，保障我国和沿线国家粮食全产业链的安全。

（二）建议设立国家科研专项支持与"一带一路"沿线国家开展粮食科技基础性技术研究合作

当前，世界经济与创新格局处于深度调整阶段，关键共性技术研究是推进经济社会发展的重要因素已达成国际共识。建议我国设立"一带一路"粮食科技合作专项，将粮食科技作为保障我国粮食安全和深化"一带一路"农业与经贸、国际产能合作的主攻方向，组织我国科研机构与沿线国家合作攻克高精度检测设备、粮情监测传感器、粮食中重金属含量快速检测、粮食品质控制等领域的技术难题，夯实我国粮食科技基础，力争粮食科技全面处于国际较高水平。建议在基础领域突破重大科技问题，解决我国粮食机械设备、检测仪器制造上"不精不密"的问题，用工匠精神打造中国品牌精品，提升粮机使用寿命和性能指标，增强粮食科技国际合作竞争力[7]。

（三）建议设立专项资金开展粮食对外工程总承包建设

粮食科技赋能"一带一路"倡议，离不开落地的项目和资金支持。建议采取工程承包建设方式，把"资源、工程、融资"捆绑起来，一方面建立粮食投资合作示范区或经贸合作区，通过专业化园区运营，整合各类资源要素，集中展现我国粮食企业境外投资的示范效应，实现对当地粮食资源的全产业链控制；另一方面，推进我国粮食机械设备和技术标准输出，鼓励和支持企业到沿线国家投资建厂，直接利用当地的成本和市场优势，就地研发设计、就地生产、就地销售安装，持续有序转移我国粮食加工机械产能，扩大投资影响力，实现综合效益最大化[8]。建议在我国农业对外援助项目、中国海外农业投资开发基金、丝路基金、亚洲基础设施投资银行（简称亚投行，Asian Infrastructure Investment Bank，AIIB）、国家开发银行等设立专项资金支持粮食科技合作，支持粮食类科技型企业和科研机构开展工程咨询、规划、设计和成套装备输出安装培训，明确产业园区、物流园区等工程建设和科技研发合作项目的资金支持规模与使用范围等，提升整个粮食产业"一带一路"建设的参与度。鼓励国内大型粮食企业通过融入"一带一路"倡议，构建完善的粮食生产、储存、运输、加工、分配、销售全产业链。

（四）建立粮食行业优秀民营企业直接对外合作机制

企业是中国"走出去"的主要载体，正视企业的呼声是理顺合作的前提，是放大合作效益的基础。尤其是要保护粮食行业优秀民营企业的粮食科技竞争力，通过政策、法律机制保障企业与"一带一路"沿线国家实现需求精准对接，实现粮食科技合作项目落地。建议突破优秀粮食科技型民营企业参与"一带一路"合作的瓶颈，建立直接对接机制，减少中间转包环节，充分发挥粮食企业市场主体作用。

（五）深化粮食科技培训交流和学历教育等"软实力"合作

继续发挥我国粮食科技"软实力"优势，利用 FAO、WFP、APEC、ACD 等国际合作机制，举办面向"一带一路"沿线国家的粮食产后减损、供应链管理、加工增值技术培训，牵头组织粮食科技"一带一路"合作论坛和国际合作专题研讨会。将粮食科技培训列入援外项目，组织粮食科技专家和技术人员"走出去"开展有针对性的技术培训援助。设立国家奖学金，支持国内粮食专业高校举办面向"一带一路"沿线国家的粮食专业学历教育，帮助这些国家培养粮食科技高层次人才[9]。

（六）建议加大粮食科技"走出去"宣传力度

建议将粮食科技纳入"一带一路"国际合作高峰论坛高级别会议研讨范围，邀请国内外粮食领域的政府官员、专家学者、科研机构、企业家等，针对粮食科技合作、粮食产业投资、经贸合作等共商合作方向、实施路径，推动务实成果。

第三节　粮食科技成果转化分析

科技成果转化是科技与经济的重要融合点，加强科技创新，促进成果转化能有效促进经济发展和国力增强。党的十九大报告提出了创新驱动发展战略，提出了建立以企业为主体、市场为导向、产学研深度融合的技术创新体系，促进科技成果转化[①]。习近平总书记 2018 年 5 月在两院院士大会讲话要求，"打通'最后一公里'，拆除阻碍产业化的'篱笆墙'，疏通应用基础研究和产业化连接的快车道，促进创新链和产业链精准对接，加快科研成果从样品到产品再到商品的转化"[②]。

粮食作为准公共产品，具有较强的非竞争性和排他性。为保障我国粮食安全、推动粮食产业高质量发展，必须依靠科技创新。针对近年来粮食科技成果转化缺乏专业服务机构、高质量成果供给不足、部分成果转化政策落地困难、成果转化"两张皮"等问题，通过到山东、河南、辽宁、江苏、天津、广东等省市粮食企业和中国科学院、中国农业科学院的有关研究所及科技型企业深入调研，以及查阅国内外有关科技成果转化模式的资料，梳理出我国粮食科技成果转化的现状、成果转化模式等，提出建立粮食成果转化基金、综合性一体化的国家技术转移中心和科研、设计、产业一体化精准化的产研对接机制等措施建议。

---

① http://sh.people.com.cn/n2/2018/0313/c134768-31338145.html。
② http://www.xinhuanet.com/politics/2018-05/28/c_1122901308.htm。

一、我国粮食科技成果转化应用现状

科技成果转化对产业的拉动作用是毋庸置疑的，通过对近年来我国技术市场成交合同数量进行统计发现，合同成交额和成交数量均呈现上升趋势，其中 2016 年的成交额比 2015 年增长了 15.97%，大学和科研院所是主要的供给主体，而企业则是主要的采纳主体。四届全国粮食科技成果转化"三对接"活动成效明显，为探索粮食行业创新驱动发展战略新路径奠定基础。2016 年"首届全国粮食科技成果转化对接推介活动"吸引了 400 家企业参加，140 多家科研机构展出了 472 项科技成果，其中拟加强科技成果转化合作意向的企业有 250 余家，拟投入资金合作研发的有 230 余家，资金合计 20 多亿元；活动现场 105 家单位在现场推介展示近 300 项粮食科技成果。2017 年，现场共签约 36 项。2018 年，23 项粮食科技创新合作项目签约，合作金额达 7000 多万元。

虽然科技成果转化增长迅速，但在转化比例方面仍然较低。以 2012～2014 年为例，这期间的专利的许可实施率占授权专利总数的比重不足 2%。据估算，在我国粮食产后流通领域每年取得专利约 200 项，其中发明专利约 1/8。专利领域主要集中在粮油加工领域，约占专利总量的一半。粮食储藏、物流、质量安全、品质营养等研究领域主要以公益性研究为主，成果大部分体现为标准规范、设计图纸、工艺改进等方面。因此，粮食科技成果的提供者主要是以公益性的科研机构和大学为主。以国家粮食和物资储备局科学研究院为例，近年来在科研成果转化应用方面主要做了以下工作。

在粮食储运领域，一是，平房仓横向通风成套储粮新技术已在我国各储粮生态区推广应用，推广省区市 20 多个，粮食收储企业 200 多个，应用仓容量 300 多万吨，较大幅度地节省了储粮费用，提升了储粮品质，提高了粮库机械化作业水平。二是，食品级惰性粉防治储粮害虫技术在全国 23 个省区市 130 多家粮库和加工企业应用示范。三是，储粮真菌早期检测方法、便携式储粮生物危害检测仪和在线储粮质量安全监测系统开发取得进展，制定了粮食行业首个储粮微生物检测方法的行业标准《粮油检验　储粮真菌的检测　孢子计数法》（LS/T 6132—2018）。四是，初步建立了捕食螨分离、纯化及人工饲养技术，筛选出了适合于我国储粮害虫防治的捕食螨种类，并开展应用试验。五是，进行了 15 吨/批次循环式空气源热泵干燥装备的标准化设计研发工作，应用于粮食产后服务中心建设项目。

在粮油加工领域，一是，研发了杂粮豆速食代餐粉、稳定化重组糙米、多谷物速食粥等系列新产品，突破了冲调结块、口感粗糙等技术难题，研究了杂粮杂豆改性处理技术、使面条等主食品中杂粮杂豆的添加量可以达到60%以上；二是，构建了我国主要油料资源加工用途数据库，主要参与制修订近20 项植物油产品及检测方法国家（行业）标准；三是，研发真菌毒素在粮食加工中迁移消减规律和生物降解技术，并成功开展了工业化试验，初步建成了真菌毒素污染粮食的安全合理利用技术体系。

在粮食质量安全研究领域，一是，完成 6 项粮油质量安全检测方法国家、行业标准制定，并发布实施，新方法显著降低了检测成本、检测时间并减少了污染排放；二是，研究建立了真菌毒素和重金属标准物质研制和质量保障技术体系，开发了 12 种国家标准物质，填补了国内空白；三是，研发了食品中霉菌菌落总数快速检测仪，检测时间较传统方法从 3～5 天缩短到 1 天。

在粮油品质营养研究领域，一是，主持制定发布《玉米—规格》国际标准，为保障我国玉米进出口贸易利益提供了支撑；二是，完善粮食品质评价标准体系，成功研制"大米品尝评分参考样品"，填补了该领域空白，主持制定了面包、馒头、面条等加工品质评价国家标准；三是，研究提出行业认可的我国大米"适度加工区间"技术指标，初步建成我国小麦、稻谷品质资源数据库，基本掌握了我国主要粮食品种加工用途品质；四是，研发推广了粮油资源高效生物转化饲料技术、饲用抗生素替代技术；五是，初步建立了粮油营养成分数据库，已在企业示范应用，为健康膳食指导提供了支撑。

产学研深度融合方面，创新实践了产业链、价值链、创新链"三链"融合合作模式。当前我国粮食产业链条短、价值链增值程度低、创新强度不足仍然是制约粮食产业经济发展的重要瓶颈。河南中鹤集团、山东西王集团、山东香驰集团、江苏农垦米业集团等企业通过与科研院所和高校密切合作，积极探索"三链"融合发展模式，延伸产业链条，提高科技创新能力、提升价值链增值幅度。

河南中鹤集团依托河南省农业科学院、中国农业科学院等科研机构，以小麦加工为主，通过发展设施农业和粮食加工业，构建了循环、绿色和多功能的产业链，实现了产、购、储、加、销一体化发展，产业链不断延伸。利用信息化、机械化等技术手段将传统分散的农业作业方式高度集约化、规模化、标准化，打造"从田间到餐桌全产业链"的食品安全保障体系。依靠产业融合与技术创新推动小麦加工价值链提升，有力促进了规模化生产，极大节约了交易成本，创造了多个经济增长点。

山东西王集团主要从事玉米深加工，坚持循环经济理念，探索出主产品循环经济产业链、副产品循环经济产业模式，循环经济使原料总利用率达99%以上，产品总收率达到97.5%以上。西王集团高度重视"产研企"结合，与江南大学、河南工业大学等高校和科研院所专家密切合作，鼓励科技创新，依靠科技研发、科研平台、产品升级、管理创新等创新链的构建增强了企业和产品竞争力，提升了产品的科技含量和质量内涵。

江苏农垦米业集团重视产研合作，建立"龙头企业+科研院所（高校）"科研合作模式。与江南大学合作，实施全谷物杂粮食用品质改良技术创建工作，并联合开展白糠综合利用转化项目研发。聚集高端科技教育资源，吸引知名大学与研究机构入驻，设立院士工作站、专家实验室，聚焦农业领域原始创新。聚集创新型行业龙头企业，促进科技成果更接"地气"，推进实用型技术的应用和推广，提升企业核心竞争力。

建设国家粮食产业技术创新中心，以解决与企业合作、知识产权风险和利益分配问题，推动我国小麦、玉米、大豆产业技术进步。联合滨州中裕食品有限公司组建"国家小麦加工产业技术创新中心"，联合西王集团组建"国家玉米精深加工产业技术创新中心"，联合北京工商大学、山东香驰控股有限公司组建"国家大豆加工产业技术创新中心"，开展专项技术研究与开发，实现资源共享、技术共享、成果共享。

创新中心围绕国家粮食安全战略和"健康中国"战略，以技术创新为引领，聚焦小麦、玉米、大豆加工核心技术，科学确定研发方向内容，形成创新资源集聚、科研手段齐全、组织运行开放的研发创新平台。引领我国粮食加工技术创新，成为推动粮食加工产业迈向价值链中高端的重要科技力量。

二、粮食科技成果转化存在问题及原因分析

（一）粮食企业对中试、熟化的重视程度与资金投入亟待提高

以粮食加工领域为例，粮食科技成果产业化必须经历基础理论研究—实验室研发—小试、中试—产品化—商品化—产业化的漫长过程，尤其从试验到商品化需要投入大量经费。粮食储备、加工等属于微利经营行业，企业销售收入利润率偏低（1%~3%），粮食科技成果产业化从试验到商品化需要投入大量经费，企业作为"经济人"，其经营过程中过分追求近期效益，他们往往只愿意购买可直接投产的新产品生产技术，不重视甚至不愿对需要中试、熟化的产品和技术进行投资。

（二）对科技研发与创新的重视程度和投入能力存在区域和层级性差异

调研发现，经济发达地区的粮食装备制造企业、粮食仓储物流企业和加工企业普遍重视科技创新与可持续发展，不断钻研竞争对手的发展战略、技术，通过与客户零距离接触，提供免费技术服务等手段，不断采用最新技术成果，及时寻找技术需求，对"卡脖子"技术和颠覆性技术的研发意识较强。而一些基层粮食仓储企业普遍对新技术的应用重视不够，投入不足。在储运环节多采用人工搬卸、人工清扫等传统人工技术。缺乏主动"走出去"意识，加之投入能力不足，生产管理相对落后，从而出现人才招新难度大，尤其是年轻人才流动性强的"马太效应"。

（三）研发立项、实施与市场需求贴合不紧密，科技成果有效供给不足

目前，我国粮食科研课题选题或立项的模式多为国家科技立项，政府财政拨款实施。但是，课题立项主要侧重技术领域的前沿和创新，将文献查询作为基本决策依据，而忽视企业需求和行业急需[10]。这就从源头上使得决策是一种单向传输，而不是从市场向科技开发的反向沟通，从而影响科技研发效果和市场适应性。

调研发现，虽然国家已出台相关政策，鼓励企业牵头、粮食科研机构和高校参与课题，但实际操作层面，鉴于企业的学术研发地位与行业组织能力，在研究过程中，企业的牵头作用未能充分有效发挥，科研成果转化"最后一公里"鸿沟始终未能翻越。

（四）粮食科技成果转化服务体系不健全，支持、促进和保障措施不够

由于粮食科技成果大部分属于公益性成果，具有很强的外部性，而且粮食储备、加工等企业属于微利经营行业，多年来，粮食科技成果的推广应用主要依靠政府推动和国家重大项目的带动，科研机构和粮食企业都缺乏主动

对接供需的积极性。相应地，粮食行业和重点科研机构没有建立权威的成果转化服务平台，没有成立专门的科技成果转化机构，没有设立专门的科技成果转化基金和"孵化器"，没有专门的科技中介服务机构，科研人员创新创业缺乏行之有效的支持手段[11]。

三、国内外科技成果转化模式借鉴

（一）发达国家科技成果转化模式

1. 美国科技成果转化模式（斯坦福OTL①模式）

美国大学技术转移机构创造了三种运行模式，其中斯坦福 OTL 模式是目前运行最为成功的一种。OTL 模式是指帮助教授申请发明专利，再把专利许可给企业，给学校带来可观的固定收益、利润分成或股权分红。该模式采用自收自支的方式，建立良好的分配激励机制。除成立时学校投入启动资金外，后期从知识产权经营毛收入中划出 15%作为运营经费，其余 85%运营收入作为"专利许可净收入"，发明人、发明人所在院系、大学各得 1/3，有些情况下，专利许可净收入还会采取"非评分制"，给予发明人更高的分享比例[12]。

2. 英国科技成果转化模式

为促进高校科技成果转化，英国政府推行了具有系统性和协调性的政策和措施，不断建立健全利于科技成果转移转化的体制机制，大大激发了企业的科技需求。主要是实施以下五项重要计划：一是"预测计划"（Foresight Programmer）。预测计划作为振兴英国经济的一项重要计划，于 1993 年开始实施，是英国科学、工程和工商界的精华大荟萃，对政府的科技发展产生非

---

① Office of Technology License，技术许可办公室。

常重要的影响。二是"联络项目"（Link Programmer）。作为推动高校科技成果转化的首要方式，由一共 12 个政府部门和各研究理事会参与，重点支持高校、科研机构和企业在商业化方面的合作研究。三是"教研公司计划"（Teaching Company Scheme）。由英国环境部、贸工部、科学与工程研究委员会等共同组建的中介机构实施，目的是促进大学与企业之间的伙伴合作，通过科技成果转移和技术转化、培育培训人才等方式进行成果转化。四是"法拉第合作伙伴计划"（Faraday Partnerships）。该计划由英国贸工部和工程与物质科学研究理事会共同发起，目的在于建立由多个大学、研究机构、制造业公司以及金融机构组成的协作集团，加强科技成果转化的组织性。五是"院校与企业合作伙伴计划"（College-Business Partnership）[13]，旨在促进高等技术学院与中小企业合作，鼓励技术和知识在当地企业转化。

3. 德国科技成果产业化模式

在德国科技成果转化过程中，由专门的中介服务机构帮助中小企业开展研发活动，进而推动研究成果尽快"落地"。德国政府非常注重专利申请质量，认为在科技成果转化中专利的技术能有效转化为生产力要远胜于大量"无效"专利申请数量。在这个过程中政府会实施一定的发展规划，明确高校等科研单位有义务为单位科研人员提供申请知识产权的必要条件，并明确教师等可以在转移转化过程中提取收益。此外，德国还通过创办风险投资公司等形式来增加对成果转化的资金投入，政府要求银行和风险投资机构除了提供风险资金支持外，还要承担 80%左右的担保。

4. 以色列科技企业"孵化器"模式

以色列工贸部首席科学家办公室（The Office of the Chief Scientist，OCS）实施的"技术孵化器计划"，是国家通过建立不同的技术孵化器，为具有创新创意的研究人员或企业家提供实现的环境，并在资金、法律、市场开发等方面予以支持，以培育新兴的高科技企业。计划实施初期由政府投资建设，承担孵化项目的支持经费和孵化器的管理费用。OCS 每年用于"技术孵化器计划"的预算约 3000 万美元，支持的项目覆盖了工贸部所支持的主要研发领域。OCS 下设孵化器计划办公室承担日常管理工作；孵化器计划指导委员会由首席科学家领导，负责政策制定、项目审批等重大事项，负责技术孵化器筛选、申报并全权管理孵化项目[14]。

（二）国内科研院所科技成果转化模式

1. 中国科学院西安光学精密机械研究所自创基金模式

中国科学院西安光学精密机械研究所通过发起成立"西科天使基金"，在项目初期就介入产品的孵化，为科技创业领军人才创办企业给予第一笔资金援助，有效解决了高科技转化过程中缺钱的问题。中国科学院西安光学精密机械研究所创建了"中科创星孵化器"，致力于建立科技创业孵化器全生态体系，为孵化企业提供财务、法务、人力资源等各类接地气的贴身服务，帮助初创弱小的高技术企业度过初创危险期。

2. 中国科学院合肥物质科学研究院自创园区模式

中国科学院合肥物质科学研究院联合合肥市政府成立了中科院（合肥）技术创新工程院有限公司，作为成果转化平台，对市场需求的技术予以孵化和转化[15]。中国科学院合肥物质科学研究院的科研成果均以成果转让方式转移给中科院（合肥）技术创新工程院有限公司。

3. 南京先进激光技术研究院孵化共赢模式

成立于 2012 年的南京先进激光技术研究院，主要承接中国科学院上海光学精密机械研究所原始科技成果并对这些成果进行"二次开发"转化[16]。借助于孵化平台和二次开发等多种形式，以及集资组建的激光产业基金等方式推动科技成果转化。

4. 苏州纳米技术产业平台驱动模式

2006 年以来，中国科学院苏州纳米技术与纳米仿生研究所（简称中科院苏州纳米所）搭建了以中科院苏州纳米所公共服务平台、中国科学院苏州产业技术创新与育成中心和中国科学院科技服务网络（Science and Technology Service Network Initiative，STS）苏州中心为支撑的科技成果转化平台。通过院地深度融合，以纳米优势技术为抓手，搭建纳米技术核心平台，并衍生出较为完整的纳米技术应用服务平台群落，放大公共服务平台对产业的凝聚效应，吸引集聚了大批科研成果、企业和研究院所在园区落户[17]。目前，其平台群落及其集聚的产业群已成为苏州工业园区纳米产业发展的核心科技支撑力量和战略发展力量。

四、构建粮食科技成果转化新机制的对策建议

综上所述，国内外成果促转的典型做法主要包括：第一，提供制度、体制和组织等支撑，不断优化成果促转外环境；第二，重视专利申请质量，鼓励专利等知识产权成果促转，利用成果溢价反哺科技创新和成果促转；第三，重视成果促转中介服务的作用，放大服务平台对产业的凝聚效应[18]；第四，给予科技成果孵化资金支持；第五，鼓励技术作价入股，成立公司，二次研发并熟化。这些典型做法大多数可用于解决我国粮食行业科技成果转化问题。结合行业特点，提出如下构建我国粮食科技成果转化新机制的对策建议。

（一）设立粮食科技成果转化子基金

粮食科技成果公益性较强，从实验室向产品化要经历小试、中试、商品化等过程，流程长、风险大、成本高，社会资本大多不愿投向项目早期和前端，使得科技成果转化的"第一公里"成为"空档"[19]。从科技成果转化经验看，建立转化基金是实现科技成果转化的有效方式。因此，建议国家结合"国家科技成果转化引导基金"，设立粮食科技成果转化引导子基金，主要支持粮食行业利用财政资金形成的科技成果。转化基金的支持方式包括设立创业投资子基金、贷款风险补偿和绩效奖励等。

（二）加大粮食科技攻关政策支持

国家重大研发计划和财政投入要持续加强粮食科研基础性研究，夯实粮食科技创新基础。保障前瞻性基础科研项目研究设置的长期性，注重粮食基础性科学技术的创新积累。鼓励企业建立自主研发团队，针对市场前景，鼓励加大对粮食储运自动化、无人化技术装备，粮油适度加工技术等方面基础科研投入的支持[20]。

（三）鼓励技术研发订单模式，建立全行业常态化的精准供需对接平台

组织开展常态化的企业科技需求座谈会和实地调研，深入挖掘企业需求，以重点企业重大科技需求为导向，通过订单形式，运用委托研发、联合研发、技术转让、共建实验室等手段，促进成果转化精准对接。加强粮食科技成果成熟度评价和粮食企业科技承接能力评价，确保好成果落地好企业。

（四）完善评价考核体系和激励机制

建立有利于激发科研人员转化科技成果积极性的分类考核评价体系。按

照成果转化收益分配比例"就高不就低"的原则，完善公益性粮食科研机构成果转化相关规章制度。

（五）建立面向行业服务的国家粮食技术转移平台

建立一体化、常态化的综合转化服务平台，提供粮食科技成果转化政策咨询服务、科技成果管理、成果展览展示、成果与技术需求在线申报、产学研合作、成果成熟度评价和价值评估、知识产权服务、科技成果交易、中小试服务和科技投融资服务等专业化服务。加强中试熟化基地、人才、资金等条件建设统筹规划，为科技创新和成果转化提供重要支撑保障。

参 考 文 献

[1] 解沛, 刘振虎, 赵辉, 等. "十三五"粮食作物科技发展战略研究[J]. 农业科技管理, 2017, 36(6): 8-11.

[2] 程长林, 任爱胜, 柳萌, 等. "一带一路"背景下中国农业科技国际合作现状与模式研究[J]. 农业展望, 2017, 13(8): 107-111.

[3] 赵予新. "一带一路"框架下中国参与区域粮食合作的机遇与对策[J]. 农村经济, 2016, (1): 14-19.

[4] 赵予新, 马琼. 基于多边合作机制推进"一带一路"区域粮食合作[J]. 国际经济合作, 2015, (10): 69-73.

[5] 王兴华, 齐晧天, 韩啸, 等. "一带一路"沿线国家粮食生产潜力研究——基于FAO—GAEZ模型[J]. 西北工业大学学报(社会科学版), 2017, 37(3): 51-56.

[6] 翟雪玲, 张雯丽, 原瑞玲, 等. "一带一路"倡议下中国农业对外合作研究——主要国家投资环境与企业发展实绩[M]. 北京: 经济管理出版社, 2017.

[7] 研究推进"一带一路"建设科技创新合作专项规划[EB/OL]. http://www.

most.gov.cn/tztg/201609/t20160914_127689.htm[2016-09-08].

[8] 外交部. 亚欧互联互通优先领域和务实合作规划文件[EB/OL]. https://www.fmprc.gov.cn/web/ziliao_674904/tytj_674911/zcwj_674915/t1607442.shtml[2018-10-26].

[9] 国家粮食局. 国家粮食局出访报告汇编(2010 年-2017 年)[Z]. 内部资料, 2017.

[10] 曹源. 食品产业技术创新战略联盟运行管理研究[J]. 合作经济与科技, 2019, (8): 104-106.

[11] 吴阳芬, 曾繁华. 科技创新供给侧结构性改革——基于有效供给假说视野[J]. 江西师范大学学报(哲学社会科学版), 2019, (2): 123-131.

[12] 秦德新. 关于促进科技成果转化的实践与思考[J]. 企业改革与管理, 2019, (5): 27, 29.

[13] 刘强, 刘星. 高校科技成果混合所有制的专利制度问题研究[J]. 武陵学刊, 2019, (2): 46-53.

[14] 应崇杰, 姚磊, 徐青. 英国近年来促进科技成果产业化的举措及启示[J]. 政策瞭望, 2019, (2): 48-50.

[15] 王华林. 美国技术转移体系建设经验对我国的启示与反思探究[J]. 科技经济导刊, 2019, 27(5): 208-209.

[16] 韩雨辰, 浅析我国高校科技成果转化的制约因素及发展建议[J]. 科技与创新, 2018, (15): 128-129, 131.

[17] 刘云. 促进专利运营典型案例分析[Z]. 成果转化复合型人才培训资料, 2018.

[18] 李晓慧, 贺德方, 彭洁. 英国促进科技成果转化的政策及经验[J]. 科技与经济, 2016, 29(4): 16-20.

[19] 科学技术部火炬高技术产业开发中心. 以色列科技企业孵化器研究[N]. http://www.chinatorch.gov.cn/fhq/gjjy/201312/a42541a989bd4fe9a8518005870 23de9.shtml[2018-08-23].

[20] 陈芳, 胡喆. 首次破万亿! 2016 年我国技术合同成交额增长 15.97%[EB/OL]. http://www.xinhuanet.com//2017-02/21/c_1120505922.htm[2017-02-21].

第二章　我国粮食科技发展评估

第一节　主要粮食作物育种的前沿分析报告

根据国际农业生物技术应用服务组织（International Service for the Acquisition of Agri-biotech Applications，ISAAA）发布的报告，2017 年全球种子市场规模超过 560 亿美元。全球商品化种子市场呈现出较为明显的区域性特征，主要集中在 20 多个国家。其中，美国位列全球第一，占全球市场四成左右。多年来，我国一直是全球第二大种子市场，2015 年市场规模达 780 亿元人民币，其中国内种子产量已达 1865 万吨。预计到 2020 年中国商业种子市场潜在规模将超过 1000 亿元人民币，种子需求量将达到 2000 万吨。在销售的种子类别中，水稻种子约占 29.9%，玉米种子占 40.4%，蔬菜、棉花、油菜和瓜果等种子占 29.7%[1]。整体而言，我国种业公司的数目达到 4500 家左右，远远高于欧洲和美国占市场垄断地位的公司数目，但也反映出我国种业公司集中度较低，行业寡头尚未出现。此外，种子企业研发投入低、创新能力亟须提高、种子生产成本持续走高等，都是我国种业的短板。

综上所述，我国种业很难适应全球种子市场发展的高速化、全球化和垄断化大趋势带来的冲击。国际种业巨头凭借雄厚的资本、先进的技术和一体化的经营模式，控制了国际种子市场。孟山都、先锋等全球十大种业公司，占据了全球 70%的市场规模，呈现出高度集中的态势。虽然我国拥有世界第二大种业市场，也将是世界种子市场增长的主要引擎，但只有培育一批"育繁推一体化"的种业集团，才能守住中国种业安全的底线[1]。因此，及时总结粮食作物育种研究的知识基础与当前的研究热点和前沿，把握该研究领域的未来发展方向迫在眉睫。基于此，本章采用文献计量的方法，以 Web of Science 核心合集收录的粮食作物育种研究领域的文献作为研究对象，对该领域的文献展开全方位分析。本章分析的文献时间、区间跨度较长，数量较多，来源广泛，有助于把握粮食作物育种研究领域的研究现状及发展方向，洞察该领域的前沿研究，为更好地推进我国在该领域的研究提供一些政策建议[2]。

一、数据来源

可信的文献计量应建立在有效的文献数据搜集上。目前没有一个统一的文献数据搜集方法，检索策略因分析对象和目的不同而不同。本章选取 Web of Science 搜索引擎上的科学引文索引（Science Citation Index，SCI）作为数据检索源。Web of Science 是被公认最权威的连续动态更新的大型数据库，该数据库收录全球最重要的学术期刊。它选刊严格，所收录的刊物质量较高，给用户提供准确、有意义和及时的数据，而且该数据库拥有超过 100 年的回溯数据，从而确保用户能够对某特定研究领域深入和全面地检索。此外，SCI 数据库主要收录全球自然科学研究领域的核心期刊，具有较大的权威性[3]。本章通过咨询相关专家，确定了粮食育种研究领域的关键词，在高级检索模式下进行主题检索：TS=（rice OR wheat OR corn OR soybean）AND TS=Breeding，设定年限为 2008～2017 年，检索时间为 2018 年 9 月 8 日。最终得到 12 117 条粮食育种研究领域文献数据。

二、结果分析

（一）时间分布

由于文献是反映某研究领域状况的一个重要"窗口"，文献数量在一定程度上可反映某研究领域的冷热程度。由图 2-1 可以获知，粮食育种研究领域的论文发表数量逐年增加，由 2008 年的 832 篇逐渐增长到 2017 年的 1709 篇，数量翻了一番。这说明各国对于粮食作物育种的重要性有了进一步的认识和理解，该领域的研究日渐活跃。

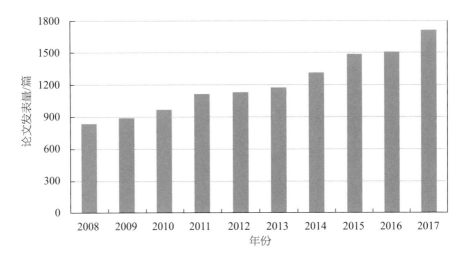

图 2-1　2008～2017 年论文发表数量

（二）主要组织机构

通过对产学研合作国际研究领域的机构进行分析，可以发现哪些研究机构具有较好的科研产出能力及较强的影响力[2]。表 2-1 为 2008～2017 年 Web of Science 核心合集中 SCI 收录的粮食育种领域发表论文数量排名前 10 位的组织。在这 10 个组织中，中国占了 3 个，美国占了 2 个，印度占了 1 个，澳大利亚占了 1 个，法国占了 1 个，菲律宾占了 1 个，墨西哥占了 1 个。中国的研究机构占比 30%，这表明中国的研究机构在粮食育种研究领域较为活跃，是一股不可忽视的力量。

表 2-1　论文发表量最多的 10 个组织

序号	机构	国家	记录/篇	占比
1	Chinese Academy of Agricultural Sciences（中国农业科学院）	中国	1308	10.795%
2	United States Department of Agriculture（美国农业部）	美国	982	8.104%
3	Chinese Academy of Sciences（中国科学院）	中国	476	3.928%
4	Indian Council of Agricultural Research（印度农业研究理事会）	印度	475	3.920%
5	International Maize Wheat and Improvement Center（国际玉米小麦改良中心）	墨西哥	397	3.276%
6	International Rice Research Institute（国际水稻研究所）	菲律宾	375	3.095%
7	Nanjing Agricultural University（南京农业大学）	中国	288	2.377%
8	Commonwealth Scientific and Industrial Research Organisation（澳大利亚联邦科学工业研究组织）	澳大利亚	274	2.261%
9	Institut Nationale de la Recherche Agronomigue（法国国家农业研究所）	法国	230	1.898%
10	Kansas State University（堪萨斯州立大学）	美国	225	1.887%

（三）主要国家

通过对各国发表文献数进行统计分析，能为我国追赶标杆国家提供有价值的信息。表 2-2 为 2008～2017 年粮食育种研究领域 SCI 论文发表量排名前 10 位的国家，在这 10 个最高产的国家中，有 4 个来自亚洲，2 个来自欧洲，2 个来自北美洲，1 个来自南美洲，1 个来自大洋洲。从表 2-2 中可以看出，SCI 论文发表量排名前 5 位的国家分别是中国、美国、印度、澳大利亚和日本，中国排在第 1 位，可见我国对粮食育种研究领域非常重视。

表 2-2　论文发表量最多的 10 个国家

序号	国家	记录/篇	占比
1	中国	3074	25.369%
2	美国	2593	21.400%
3	印度	993	8.195%
4	澳大利亚	958	7.906%
5	日本	746	6.157%
6	德国	633	5.224%
7	巴西	578	4.770%
8	英国	464	3.829%
9	加拿大	442	3.648%
10	菲律宾	417	3.441%

（四）研究热点

由图 2-2 可以发现，"水稻（rice）""小麦（wheat）""识别（identification）"出现的频次最多，这表明如何有效筛选水稻、小麦种子成为该领域的研究热点。此外，"基因多样性（genetic diversity）""数量性状基因座（quantitative trait loci）"等关键词的出现，表明当前粮食育种正在寻求基因层面的突破。

（五）国家与关键词共现网络

图 2-3 显示在粮食作物育种基础研究领域出现的频次最多的关键词和国家。从图 2-3 中可以发现，"中国（PEOPLES R CHINA）"和"美国（USA）"在该领域的出现频次相对其他国家而言较多，充分表明这两个国家在这个领域具有较大影响力。此外，关键词"水稻（rice）""识别（identification）"与"中国（PEOPLES R CHINA）""印度（INDIA）"的共现关系较为紧密，表明中印两国在粮食育种领域主要聚焦于水稻种类的识别筛选。相比之下，

关键词"面包小麦(bread wheat)""小麦(wheat)"与"澳大利亚(AUSTRALIA)"的共现关系较为紧密，表明澳大利亚在小麦育种领域具有较大影响力。

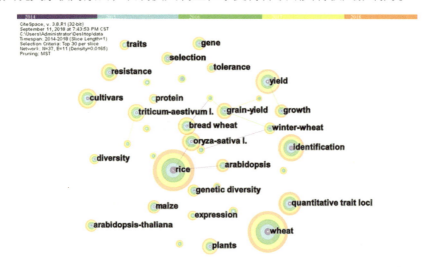

英语单词	中文名字	英语单词	中文名字
traits	品种特性	gene	基因
selection	筛选	tolerance	耐受性
resistance	抵抗力	cultivars	栽培
yield	产量	protein	蛋白质
triticum-aestivum I.	小麦	grain-yield	粮食产量
growth	种植	bread wheat	面包小麦
winter-wheat	冬小麦	oryza-sativa I.	栽培稻Ⅰ型
identification	识别	diversity	品种多样性
rice	水稻	arabidopsis	拟南芥系
genetic diversity	基因多样性	maize	玉米
quantitative trait loci	数量性状基因座	expression	（基因）表达
wheat	小麦	arabidopsis-thaliana	拟南芥
plants	作物		

图 2-2　粮食育种领域出现的关键词

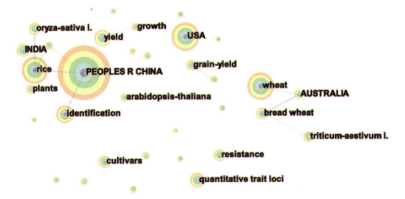

英语单词	中文名字	英语单词	中文名字
INDIA	印度	USA	美国
PEOPLES R CHINA	中国	AUSTRALIA	澳大利亚
resistance	抵抗力	cultivars	栽培
yield	产量	grain-yield	粮食产量
triticum-aestivum Ⅰ.	小麦	bread wheat	面包小麦
growth	种植	oryza-sativa Ⅰ.	栽培稻Ⅰ型
identification	识别	arabidopsis-thaliana	拟南芥
rice	水稻	quantitative trait loci	数量性状基因座
wheat	小麦	plants	作物

图 2-3　国家与关键词共现网络

三、结论与建议

　　通过以上研究，可以发现我国在全球粮食作物育种领域具有较大影响力，活跃程度较高，不仅文献发表量远高于其他国家，专业研究机构也在该领域表现较为突出。但在育种科研前沿上还与发达国家存在很大差距。主要表现在：我国种业自主创新能力不足，原始创新、集成创新能力不够，各单位研究内容重复、研究深度不够，行业条块分割、科研布局分散。育种理念和手段落后、遗传多样性狭窄、育种周期长（一般需要 10 年以上）以及育种存在盲目性且主要依赖经验。

为了能在粮食作物育种领域追赶欧洲、美国、日本等地区和国家，更好地服务和推动国内粮食科技健康发展，建议国家加大对粮食育种研究课题的支持力度，保障该研究领域有足够的资金支撑原创性研究；同时加强与国外优秀研究机构的合作交流，通过国际化合作来提升研究成果的质量和影响力。

第二节　主要粮食作物育种的国际科技竞争力分析

一、研究方法

文献计量的量化（bibliometric quantification）是一个基础性但有效的诊断与检验新技术出现与发展的分析技术。文献计量研究涉及科学文献发表的统计分析，采用量化的绩效指标以克服主观的同行评议与专家的不足，已在各类研究中被用来评价研究绩效。

为了分析各国在粮食作物育种领域基础研究能力的发展趋势及中国在该领域所处的位置，本节在文献计量的基础上，依次采用了发表指数（PI）、被引指数（CI）、发表效率指数（PEI）等量化指标对某研究领域的领先国家进行了国际化比较，探究中国在该领域所处的位置和态势。

发表指数（published index，PI）主要借鉴由 Frame[4] 提议的活动指数（activity index）概念，由 Schubert 和 Braun[5] 构建数学计算式。该指数已经被用来描述既定观测期内一个给定学科或研究领域某个国家的相对研究努力水平。对某研究领域，第 t 年第 i 个国家的发表指数可如下计算：

$$PI_i^t = (P_i^t / \sum P) / (TP^t / \sum TP) \qquad (2\text{-}1)$$

其中，P_i^t 为第 t 年第 i 个国家某研究领域的文献发表量；$\sum P$ 为第 i 个国家在既定观测期内的某研究领域的文献发表量；TP^t 为第 t 年全世界某研究领域文献发表量；$\sum TP$ 为全世界在既定观测期内的某研究领域文献发表量。

PI 是个衡量研究活动相对绩效（活跃或努力）指数，考虑了被分析国家某研究领域文献发表规模影响。如果 PI=1，这说明被分析国家的研究努力水平处于世界平均水平。如果 PI>1，这说明被分析国家的研究努力水平高于世界平均水平。也就是说，该国家相对世界平均水平，在某研究领域投入更多的资源，或者在该领域研究更专注与专业化。如果 PI<1，这说明被分析国家的研究努力水平低于世界平均水平。

研究成果的发表可以反映研究工作者在研究工作上的投入与努力，但不能反映他们的创造性工作的价值。对研究工作者来讲，研究成果的最终成效才更重要，这一成效常用发表文献被引用量来衡量。这里借鉴 Schubert 和 Braun[5]构建的吸引指数（attractive index）构建被引指数（cited index，CI）来衡量一段时期内一个国家在某研究领域国际相对研究影响绩效。CI 值若为 1，意味着该国家研究影响与世界平均水平持平；大于 1 意味着该国家研究影响大于世界平均水平；小于 1 意味着该国家研究影响低于世界平均水平。数学公式表达上，对某研究领域，第 t 年第 i 个国家的研究被引指数 CI 可如下计算：

$$CI_i^t = \frac{(C_i^t + C_i^{t+1} + C_i^{t+2}) / \sum_{t=1}^{S}(C_i^t + C_i^{t+1} + C_i^{t+2})}{(TC^t + TC^{t+1} + TC^{t+2}) / \sum_{t=1}^{S}(TC^t + TC^{t+1} + TC^{t+2})} \qquad (2\text{-}2)$$

其中，$C_i^t + C_i^{t+1} + C_i^{t+2}$ 为第 i 个国家第 t 年发表的某领域的研究论文在 t，$t+1$，$t+2$ 年的被引和；$\sum_{t=1}^{S}(C_i^t + C_i^{t+1} + C_i^{t+2})$ 为在既定观测期（S 年）间，累加 i 国第

t 年发表的某领域的研究论文在 t，$t+1$，$t+2$ 年的被引和；$TC^t + TC^{t+1} + TC^{t+2}$ 为全世界第 t 年发表的某领域的研究论文在 t，$t+1$，$t+2$ 年的被引和；$\sum_{t=1}^{S}(TC^t + TC^{t+1} + TC^{t+2})$ 为在既定观测期（S 年）间，累加全世界第 t 年发表的某领域的研究论文在 t，$t+1$，$t+2$ 年的被引和。

发表效率指数（publication efficiency index，PEI）用来度量测评各国在某领域的研究影响与研究投入的比值，以直接反映研究的成效水平与质量。这一指数值反映参评国家研究努力是否与收获相匹配。如果统计值小于 1，提醒被测评国家需要在加大研究投入的同时提升质量。如上述讨论，本节构建发表效率指数时考虑了时间延迟结构，也就是说，取最近三年的论文被引量的平均值作为研究影响。

数学公式表达上，对某研究领域，第 t 年第 i 个国家的研究发表效率指数 PEI_i^t 值可如下计算：

$$PEI_i^t = \frac{(C_i^t + C_i^{t+1} + C_i^{t+2}) / \sum_{t=1}^{S}(C_i^t + C_i^{t+1} + C_i^{t+2})}{P_i^t / \sum P} \qquad (2\text{-}3)$$

其中，$C_i^t + C_i^{t+1} + C_i^{t+2}$ 为第 i 个国家第 t 年发表的某领域的研究论文在 t，$t+1$，$t+2$ 年的被引和；$\sum_{t=1}^{S}(C_i^t + C_i^{t+1} + C_i^{t+2})$ 为在既定观测期（S 年）间，累加 i 国第 t 年发表的某领域的研究论文在 t，$t+1$，$t+2$ 年的被引和；P_i^t 为第 t 年全世界某技术领域的文献发表量；$\sum P$ 为全世界在既定观测期内的某技术领域的文献发表量。

二、结果分析

（一）主要国家基础研究活跃水平的发展趋势与国际比较

表 2-3 和图 2-4 展示了主要国家在 2008～2017 年粮食育种研究领域文献

逐年的发表趋势。可以看出，各国在这十年间文献发表数量均呈增长趋势。我国自 2011 年以来，每年发表文献数量已超过美国、印度、澳大利亚和日本等发达国家，成为文献发表总数最多的国家。

表 2-3　主要国家文献发表数量　　　　　　　单位：篇

年份	中国	美国	印度	澳大利亚	日本
2008	146	188	58	70	53
2009	158	193	55	57	65
2010	179	199	74	81	72
2011	256	201	74	78	98
2012	274	253	83	85	55
2013	289	284	90	94	69
2014	336	281	108	91	78
2015	448	293	147	129	81
2016	453	323	159	127	94
2017	535	378	145	146	81

图 2-4　主要国家文献发表数量趋势图

从图 2-4 中可以更直观地看出，在这 5 个国家中，中国的增加最为明显，美国随后，而其余三国增长趋势较为平缓。

图 2-5 为 5 个主要国家当年发表论文数占世界总的发表论文数的比例，不难看出，除了中国外，日本、美国、印度和澳大利亚在这十年间论文发表数量占比在整体上没有明显增长。中国在 2011 年超过美国后，成为世界发表论文占比最多的国家。

图 2-5　主要国家文献发表量占比趋势图

为了更直观地了解 5 个主要国家在 2008~2017 年发表指数的变化趋势，绘制图 2-6 来展示。从图 2-6 中不难看出，中国的发表指数值整体上呈上升趋势，在 2014 年超过 1，并在 2017 年达到 1.2340，排在这 5 个主要国家的首位。这一结果说明我国的研究努力水平已经高于世界平均水平，也表明中国相对于其他国家而言在粮食育种研究领域方面给予了更多的关注与资助。

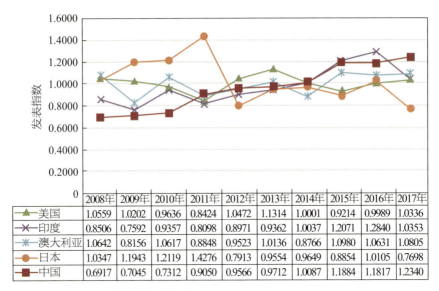

	2008年	2009年	2010年	2011年	2012年	2013年	2014年	2015年	2016年	2017年
美国	1.0559	1.0202	0.9636	0.8424	1.0472	1.1314	1.0001	0.9214	0.9989	1.0336
印度	0.8506	0.7592	0.9357	0.8098	0.8971	0.9362	1.0037	1.2071	1.2840	1.0353
澳大利亚	1.0642	0.8156	1.0617	0.8848	0.9523	1.0136	0.8766	1.0980	1.0631	1.0805
日本	1.0347	1.1943	1.2119	1.4276	0.7913	0.9554	0.9649	0.8854	1.0105	0.7698
中国	0.6917	0.7045	0.7312	0.9050	0.9566	0.9712	1.0087	1.1884	1.1817	1.2340

图 2-6　主要国家发表指数值变化趋势

（二）主要国家基础研究影响水平的发展趋势与国际比较

表2-4展示了主要国家在2008～2015年粮食育种研究领域文献逐年的被引用趋势。从整体上来看，各国在这8年期间文献被引次数（指当年发表的论文在当年及随后两年内平均被引次数）均呈增长趋势。横向分析各国增长趋势可以看出，美国增长较快，一直处于领先地位，由此可见其影响地位最为突出。

表 2-4　主要国家论文被引趋势表　　　　　单位：次

年份	中国	美国	印度	澳大利亚	日本
2008	350	601	100	225	166
2009	789	1267	269	480	411
2010	1413	2106	508	857	697
2011	2286	3049	779	1282	1001
2012	3390	4253	1119	1871	1261
2013	4655	5552	1531	2435	1566
2014	6166	7003	2098	3103	1926
2015	7702	8417	2622	3699	2255

从图 2-7 中可以直观地看出，中国作为发展中国家，在粮食育种研究领域的影响力追随着美国逐步提升，成为该研究领域第二影响大国。

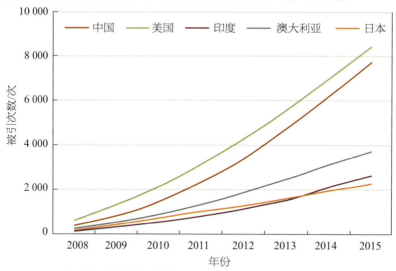

图 2-7　主要国家发表论文被引趋势图

图 2-8 为主要国家在观测期内每年文献被引数占当年世界总的被引数的比重，不难看出，美国的占比高于其他 4 国，处于世界领先地位。中国紧随其后，所占比重逐年上升，这说明我国在粮食育种研究领域的地位逐步提升。

图 2-8　主要国家论文被引占比趋势图

图 2-9 描述了被分析的 5 个国家在 2008～2015 年被引指数值的变化趋势。在整体上，这 5 个国家的国际影响地位处于不断上升态势。尤其中国从 2008 年的 0.5535 攀升到 2015 年的 1.4662，这表明中国在粮食育种领域的影响力得到不断增强。

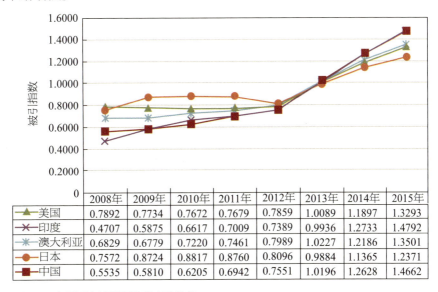

	2008年	2009年	2010年	2011年	2012年	2013年	2014年	2015年
美国	0.7892	0.7734	0.7672	0.7679	0.7859	1.0089	1.1897	1.3293
印度	0.4707	0.5875	0.6617	0.7009	0.7389	0.9936	1.2733	1.4792
澳大利亚	0.6829	0.6779	0.7220	0.7461	0.7989	1.0227	1.2186	1.3501
日本	0.7572	0.8724	0.8817	0.8760	0.8096	0.9884	1.1365	1.2371
中国	0.5535	0.5810	0.6205	0.6942	0.7551	1.0196	1.2628	1.4662

图 2-9　主要国家被引指数值变化趋势

（三）主要国家基础研究效率水平的发展趋势与国际比较

图 2-10 展示了主要国家的发表效率指数，整体上都呈现出上升的趋势。对于中国而言，在 2011 年达到并超过 1，在 2014 年达到峰值 2.109，不过在 2015 年略有下降。

（四）主要国家在粮食育种领域的成本-效益分析

为评估主要国家在粮食育种领域的成本-效益（cost-effectiveness），本章学习 Schubert 和 Braun[5]，用一个反映研究成果的发表指数与研究影响的被引指数关联图来构建参评国家相对研究绩效。水平 X 轴为发表指数，垂直 Y 轴为被引指数。研究成果与研究影响均衡的国家位于对角线（$X=Y$）上方。

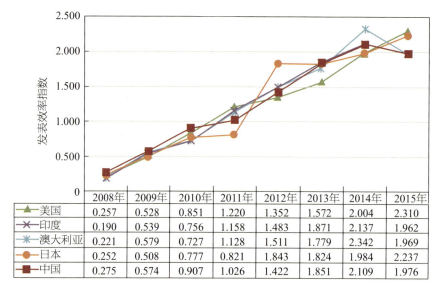

	2008年	2009年	2010年	2011年	2012年	2013年	2014年	2015年
美国	0.257	0.528	0.851	1.220	1.352	1.572	2.004	2.310
印度	0.190	0.539	0.756	1.158	1.483	1.871	2.137	1.962
澳大利亚	0.221	0.579	0.727	1.128	1.511	1.779	2.342	1.969
日本	0.252	0.508	0.777	0.821	1.843	1.824	1.984	2.237
中国	0.275	0.574	0.907	1.026	1.422	1.851	2.109	1.976

图 2-10　主要国家发表效率指数值变化趋势

　　根据美国科学信息所的研究成果，发表指数与被引指数是无法即时对应的，因为成果发表后需要一段时间才能被有效引用。Moed 等[6]也肯定了研究成果发表与被引用之间的时间延迟的存在。经验表明，研究成果发表后通常在第二年达到被引用的最高点。为此，为了使发表指数"投资"与被引指数"回报"尽可能匹配，本章在计算被引指数时采用了发表论文在当年、滞后一年以及滞后两年被引数的均值。

　　图 2-11 为 2008 年、2011 年和 2015 年这三年 5 个国家发表指数与被引指数的关联图，不难看出，在最初两个观测窗口（2008 年、2011 年），全部国家均在对角线下侧，说明这两个时段的研究绩效不明显，投入大于产出。然而，到了 2015 年，所观察的全部国家均处于对角线上侧，产出高于投入，表明研究绩效不断攀升。

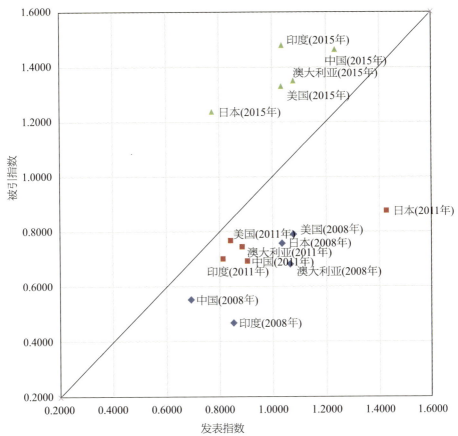

图 2-11　主要国家发表指数与被引指数关联图

三、结论

为了客观全面地评价各国在相关科技领域的基础研究能力，本章借鉴了陈凯华等[7]的研究，构建发表指数、被引指数、发表效率指数等三个相对性指标，来刻画和评价主要国家在粮食作物育种科技研究领域的基础研究能力，得到以下发现：①2012 年以前，日本在粮食作物育种基础研究领域的影响程度领先于其他 4 个主要国家。对于发表效率指数而言，2012 年也是日本增速最大的一年，从 5 个国家中相对落后的位置迅速增长到了远高于其他 4 个国家的领先地位。②本章在识别粮食作物育种基础研究领域较为活跃的研究机构时，发现来自中国的研究机构主要是中国农业科学院、中国科学院等专业性强的研究机构，而少有综合性大学，这说明我国的粮食作物育种研究缺乏高校的参与。③在总体上，中国在粮食作物育种基础研究领域的相对活跃程度、影响程度、成本-收益和综合研究能力等方面都取得长足的进步。这与近年来中国政府出台一系列支持政策和加大研发投入有一定的关系。在 2012 年，中国的相对影响程度首次超过世界平均水平，但是它在该研究领域的相对影响力、研究效率和综合研究能力与发达国家如美国、日本等相比仍然处在较低水平，这与中国在该领域的活跃程度不匹配。可能的原因在于我国的科研评价体系不合理，导致国内学者仍然追求成果发表的数量而忽视质量，造成了我国在粮食科学研究领域的相对影响力和研究效率不高，最终影响到在该领域的综合研究能力。

第三节　大豆科研国际前沿专利文献分析

大豆在我国已经有几千年的种植历史，它在中国食物消费中扮演了非常重要的角色。进入 21 世纪，我国大豆供求形势发生了巨大变化，由出口国变为进口国，大豆产业受到了前所未有的冲击。一是进口大豆占国内消费量的 85% 以上；二是国产大豆种植面积萎缩，比较优势越来越不明显。

随着中国城市化进程的加快，耕地资源日益紧张，通过增加种植面积来提高产量的余地有限，因此通过科技手段提高产业竞争力成为解决中国大豆现有困境的唯一途径[8]。本节从技术分析的角度，利用科学文献和专利信息，研究大豆科研国际前沿，力求为我国大豆科研提供借鉴。本节全面检索了全球 100 多个国家和地区收录的大豆相关专利文献，分析了大豆专利主要技术领域和国家（地区）、专利发明人分布，分析了我国在国际科研前沿所处的位置。

一、数据和方法

大豆技术领域专利数据来源于 PATSTAT（Worldwide Patent Statistical Database，全球专利统计数据库），时间跨度为 1905～2018 年，数据采集专利申请日截至 2018 年 10 月 4 日，搜索的检索式为：Keyword in Title，Abstract：AnyWords（"soybean""soya bean""soy bean""soyabean""soja bean""sojabean""soja""soy""soya"）的授予专利，共获得 44 029 个专利。主题选取包括：授予年份、申请人及申请人国家、发明人及发明人国家、IPC（international patent classification，国际专利分类）号、专利家族信息、引用情况等。由于 2018 年的数据并不完整，2018 年的分析结果仅供参考。

二、结果分析

（一）专利申请数量趋势分析

大豆专利年度授予数量趋势能够反映出大豆技术受关注程度以及技术发展趋势。图 2-12 是 1905～2017 年大豆专利的授予数量趋势图。由于 2018 年的数据并不完整，图 2-12 的趋势分析只截止到 2017 年。可以看出，1905～1998 年，专利授予的数量很少。在 1999 年，大豆专利的授予量首次超过 500 项。1999 年到 2017 年期间，专利数量出现快速增长，2017 年授予量达到 2309 项。为了更清晰地反映出大豆专利在 1999 年到 2017 年期间的增长情况，我们在图 2-12（b）中展示了该时期的专利授予逐年增长情况。图 2-12 从文献计量的角度反映出全球大豆行业的发展趋势：大豆技术快速发展，相关专利授予量快速增长。

图 2-13 展示了大豆专利授予的主要专利局的比例情况。从图 2-13 中可以发现，中国专利局和美国专利局授予的专利占比约为 60%，充分体现了两国在大豆行业的重要地位。

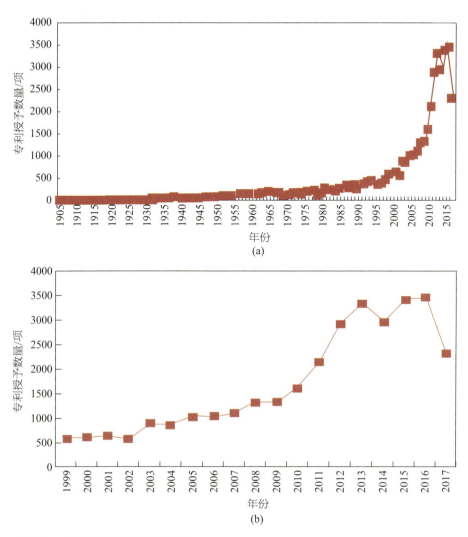

图 2-12　大豆专利年度授予数量趋势

　　为了细致观察各专利局逐年的授予专利的变化趋势，我们绘制了 1999～
2017 年全球前 10 个主要专利局的大豆专利的授予数量趋势图，见图 2-14。这
10 个专利局是大豆专利的授予数量排名前 10 位的专利局，分别为中国、美国、
日本、德国、韩国、俄罗斯、加拿大、西班牙、欧洲专利局、法国。在 2003

年，中国专利局的大豆授予专利首次超过美国专利局，并在 2003 年后与其他专利局逐渐拉大差距。

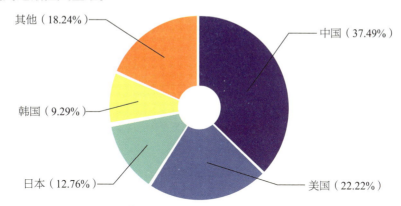

图 2-13 大豆专利授予的主要专利局及其占比情况

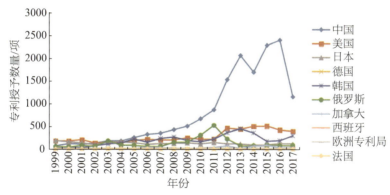

图 2-14 主要专利局的大豆专利授予数量趋势

（二）专利申请人分析

根据统计分析结果，本节列出了大豆相关专利的前 25 名专利权申请机构（表 2-5）。专利授予数量居前 25 位的主要申请人多数是美国企业，包括 Monsanto Technology LLC，Pioneer Hi Bred International Inc.，Stine Seed Farm Inc.等企业。表 2-5 的分析表明，美国在大豆相关技术领域占据领导地位。

表 2-5　专利授予数量居前 25 位的公司

序号	公司名称	授予专利数量/项	在前 25 位公司中占的百分比	在所有专利中的百分比
1	Monsanto Technology LLC	1807	20.96%	4.10%
2	Pioneer Hi Bred International Inc.	1140	13.23%	2.59%
3	Stine Seed Farm Inc.	726	8.42%	1.65%
4	Joyoung Company Limited	686	7.96%	1.56%
5	Fuji Oil Co., Ltd.	581	6.74%	1.32%
6	Syngenta Participations AG	432	5.01%	0.98%
7	E. I. du Pont de Nemours and Company	313	3.63%	0.71%
8	Kikkoman Corporation	289	3.35%	0.66%
9	Midea Group Company Limited	283	3.28%	0.64%
10	MS Technologies LLC	215	2.49%	0.49%
11	Ajinomoto Company Inc.	201	2.33%	0.46%
12	Unilever PLC	186	2.16%	0.42%
13	Nisshin Oillio Group Ltd.	185	2.15%	0.42%
14	Asgrow Seed Company	182	2.11%	0.41%
15	Mertec LLC	165	1.91%	0.37%
16	Monsanto Co.	148	1.72%	0.34%
17	Sumitomo Chemical Company Limited	135	1.57%	0.31%
18	Dow Agrosciences LLC	132	1.53%	0.30%
19	Imperial Chemical Industries Limited	129	1.50%	0.29%
20	Northeast Agricultural University	128	1.48%	0.29%
21	Zhejiang Shaoxing Supor Domestic Electrical Appliance Co., Ltd.	122	1.42%	0.28%
22	Procter & Gamble Co.	120	1.39%	0.27%
23	Kao Corporation	110	1.28%	0.25%
24	Midea Holdings Co., Ltd.	104	1.21%	0.24%
25	Société des Produits Nestlé S.A.	101	1.17%	0.23%
	汇总	8620	100%	19.58%

（三）专利发明人分析

本节对专利发明人的分析结果展示在表 2-6。表 2-6 展示了大豆相关专利

的前 25 名发明人（其中一些是以公司的名义发明）。专利授予数量居前 3 位
的发明人为 Kvasenkov O. Ivanovich，William H. Eby，Wang Xuning，其余发
明人的授予专利均在 300 项以下。

表 2-6　专利授予的前 25 名发明人

序号	发明人	授予专利数量/项	在所有专利中的百分比
1	Kvasenkov O. Ivanovich	1194	2.71%
2	William H. Eby	754	1.71%
3	Wang Xuning	726	1.65%
4	Chen Weijie	233	0.53%
5	Martin A. Fabrizius	168	0.38%
6	Justin T. Mason	158	0.36%
7	Michael T. Roach	155	0.35%
8	Thomas C. Corbin	145	0.33%
9	Dennis L. Schultze	139	0.32%
10	Leon G. Streit	133	0.30%
11	Dotsenko S. Mikhajlovich	115	0.26%
12	Paul A. Stephens	106	0.24%
13	Jeffrey A. Thompson	101	0.23%
14	Donald Kyle	92	0.21%
15	Wu Mingchuan	89	0.20%
16	Thomas L. Floyd	88	0.20%
17	James Behm	78	0.18%
18	Gu Yonghong	77	0.17%
19	Bradley R. Hedges	76	0.17%
20	Roger Lussenden	75	0.17%
21	Li Xiaojin	74	0.17%
22	William K. Rhodes	74	0.17%
23	Michael T. Roach	71	0.16%
24	Li Tufeng	71	0.16%
25	Jennifer L. Yates	71	0.16%
	汇总	5063	11.50%

（四）专利技术领域分析

在专利分析中,通过分析专利样本数据中的分类号(如 IPC、USPC[①]等)对应的技术内容的专利数量及所占比例,进行分类号频次排序分析,研究发明创造活动最为活跃的技术领域,以及技术领域中的重点技术。通过对采集整理的样本数据中专利分类号对应的专利数量或所占比例进行统计和频次排序,其中排名靠前、所占份额较大的分类号对应的技术内容为重点技术。截止到 2018 年 10 月,本节按照 IPC 号对每个从专利数据库中所采集的有关大豆领域的专利进行计数。由于 1 件专利文献可以有几个分类号,在 IPC 号统计集合中涉及的专利数可能大于采集的专利数。由表 2-7 发现,大豆的豆科果实、设备、改良等的相关技术门类是大豆技术的前沿领域。

表 2-7　大豆主要技术领域分配

序号	分类号	技术内容	授予专利数量/项	在前 25 位分类号中占的百分比	在所有专利中的百分比
1	A23l11/00	用于生产饲料或食物的豆类,即豆科植物的果实;豆类产品;烹煮此类食物的方法	4369	10.39%	9.92%
2	A01h5/10	种籽	3926	9.34%	8.92%
3	C12n15/82	植物细胞的载体	3412	8.12%	7.75%
4	A01h5/00	被子植物,即开花植物	3034	7.22%	6.89%
5	A23c11/10	代乳品,如豆浆	2811	6.69%	6.38%
6	A01h1/00	改良基因型的方法	2075	4.94%	4.71%
7	A01h1/02	杂交的方法或设备;人工授粉	1970	4.69%	4.47%
8	A47j31/44	饮料制造设备的零件或细节	1786	4.25%	4.06%
9	A47j31/00	用于制作饮料的设备(如家用机器或用于过滤食品的器具)	1669	3.97%	3.79%

---

① United States Patent Classification,美国专利分类。

序号	分类号	技术内容	授予专利数量/项	在前25位分类号中占的百分比	在所有专利中的百分比
10	C12n5/04	植物细胞或组织	1646	3.92%	3.74%
11	A23k1/18	特别适合特定动物的动物饲料	1397	3.32%	3.17%
12	A23k1/16	补充附加食物要素、盐块的动物饲料	1280	3.05%	2.91%
13	A23l27/50	酱油	1258	2.99%	2.86%
14	A23j3/16	来自大豆的植物蛋白	1248	2.97%	2.83%
15	A23k1/14	来自植物,如薯类或非青贮的块根植物的动物饲料	1096	2.61%	2.49%
16	A01h4/00	通过组织培养技术的植物再生	1060	2.52%	2.41%
17	A23l1/30	使用添加剂改变食物的营养品质;饮食产品;制备或处理	1047	2.49%	2.38%
18	A23j1/14	从豆科或其他蔬菜种籽、油饼或其他含油种籽提取使用蛋白质组合物或者整批打蛋和分离蛋黄与蛋白	1024	2.44%	2.33%
19	A23l11/20	用于生产饲料或食物的豆类,即豆科植物的果实;豆类产品;其制备或处理,如用磷酸盐处理麦芽制品;发酵麦芽产品	968	2.30%	2.20%
20	A23l33/00	改变食物的营养品质;饮食产品;使用添加剂制备或处理	968	2.30%	2.20%
21	A23c20/02	不含乳成分,也不含酪蛋白酸盐或乳糖作为脂肪、蛋白质或碳水化合物的来源的乳制品	903	2.15%	2.05%
22	A23l19/00	水果或蔬菜产品;其制备或处理	883	2.10%	2.01%
23	A23l1/20	豆科植物果实的处理,用于制造食品或饲料;豆类产品的制备;快速烹煮此类食品的化学方法	757	1.80%	1.72%
24	A61k36/48	成分不确定的药物制剂,其中含有豆科或草科	728	1.73%	1.65%
25	A23k10/30	用植物来源的材料制成的动物饲料,如根、种子或干草;来自真菌来源的材料,蘑菇等	718	1.71%	1.63%

图 2-15 为 VOSviewer 的密度视图。VOSviewer 是荷兰莱顿大学 van Eck 和 Waltman 研发的可视化软件[9]。为了展现地图上的元素，VOSviewer 使用相似性度量从共现矩阵中创建了相似矩阵，从而创建一个二维图，图中元素之间的距离反映其相似性，并且使用重要的标签，便于研究人员发现重要的主题[10]。图中节点的颜色根据 IPC 共线关系的强弱依次由红色到蓝色，通过不同颜色表现在研究领域内相对活跃的一些技术门类，可以快速了解技术门类关系的概貌。根据 VOSviewer 绘制的大豆的技术图谱，通过不同的颜色、大小和年轮的不同厚度及视角等来了解核心主题和热点动向。VOSviewer 所展示的关系密度图谱中，每个节点根据其密度有一种颜色，红色代表与其他节点共线较多的主题或领域。一个节点越大，表示其权重越大，其颜色越接近于红色。相反，如果其权重越小，则其颜色越接近于蓝色。密度视图有助于快速获得图谱中重要内容的概貌[10]。为了图形的简洁，我们只显示密度超过 50 的节点。

（五）重点专利分析

我们进一步分析了大豆技术中的重点专利。引文数量排名前 25 位的专利的简要情况排列在表 2-8 中。可以看出，1997 年申请的 "Soybean transformation and regeneration methods"（大豆转化和再生方法）被引用 1402 次，排名第一位。关于 "Soybean cultivar"（大豆栽培品种）的一系列专利都得到了大量的引用。

三、结论

通过对大豆技术的国际授权专利状况的大数据分析，我们发现：1999 年到 2017 年期间，国际大豆的专利数量出现快速增长。美国和中国在大豆相关技术领域占据领导地位，两国专利授予合计约占全世界的 60%。但专利授予数量居前 25 位的申请人主要属于美国的企业，我国还有不少差距。通过对大豆技术领域的分析，可以看出：大豆的豆科果实、设备、改良等的相关技术门类是大豆技术的前沿领域。

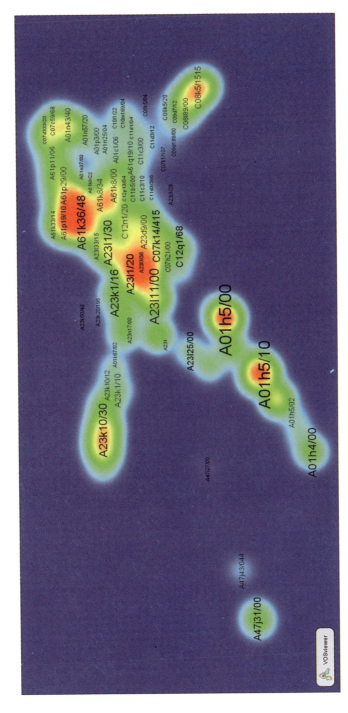

图2-15　技术门类共线密度图

表 2-8　大豆重点专利分析

序号	专利授予号	申请时间	授予时间	被引次数/次	专利题目
1	US5968830	1997	1999	1402	Soybean transformation and regeneration methods
2	US5569815	1995	1996	1176	Soybean cultivar 1572432
3	US5576474	1995	1996	1171	Soybean cultivar A1923
4	US7632985	2006	2010	1156	Soybean event MON89788 and methods for detection thereof
5	US6982367	2004	2006	1087	Soybean cultivar 0509244
6	US6960707	2002	2005	1081	Soybean cultivar S010364
7	US6969787	2003	2005	1079	Soybean cultivar S030160
8	US6953876	2002	2005	1078	Soybean cultivar 0037357
9	US6967263	2002	2005	1078	Soybean cultivar SN79525
10	US6958436	2002	2005	1073	Soybean variety SE90346
11	US6979760	2003	2006	1069	Soybean cultivar S030010
12	US6972354	2004	2006	1068	Soybean cultivar 0509245
13	US6972353	2003	2006	1058	Soybean cultivar 0491737
14	US6972355	2004	2006	1044	Soybean cultivar 0509240
15	US8053184	2009	2011	837	Soybean event MON89788 and methods for detection there of（this application is a divisional of US7632985）
16	US5563055	1994	1996	709	Method of Agrobacterium-mediated transformation of cultured soybean cells
17	US5322783	1989	1994	699	Soybean transformation by microparticle bombardment
18	US5015580	1988	1991	586	Particle-mediated transformation of soybean plants and lines
19	US5665222	1995	1997	509	Soybean peroxidase electrochemical sensor
20	US4992605	1989	1991	485	Production of hydrocarbons with a relatively high cetane rating
21	US5084082	1990	1992	483	Soybean plants with dominant selectable trait for herbicide resistance
22	US5416011	1993	1995	348	Method for soybean transformation and regeneration
23	US7608761	2006	2009	338	Method for disease control in MON89788 soybean
24	US6384301	2000	2002	328	Soybean agrobacterium transformation method
25	US5824877	1996	1998	299	Method for soybean transformation and regeneration

参 考 文 献

[1] 薛勇彪, 种康, 韩斌, 等. 创新分子育种科技 支撑我国种业发展[J]. 中国科学院院刊, 2018, 33(9): 893-899, 887-888.

[2] 张艺, 朱桂龙, 陈凯华. 产学研合作国际研究:研究现状与知识基础[J]. 科学学与科学技术管理, 2015, 36(9): 62-70.

[3] 孙道杰, 王辉. 保障我国粮食安全的作物育种方向探讨[J]. 安徽农业科学, 2000, (3): 272-273, 292.

[4] Frame J D. Mainstream research in Latin America and Caribbean[J]. Interciencia, 1977, 2(2): 143-148.

[5] Schubert A, Braun T. Relative indicators and relational charts for comparative assessment of publication output and citation impact[J]. Scientometrics, 1986, 9(5/6): 281-291.

[6] Moed H F, Glänzel W, Schmoch U. Handbook of Quantitative Science and Technology Research[M]. New York: Kluwer Academic Publishers, 2004.

[7] 陈凯华, 张艺, 穆荣平. 科技领域基础研究能力的国际比较研究——以储能领域为例[J]. 科学学研究, 2017, (1): 34-44.

[8] 王怀明, 尼楚君, 徐锐钊. 中国大豆生产效率变动及收敛性分析[J]. 江苏农业学报, 2011, 27(1): 199-203.

[9] van Eck N J, Waltman L. Software survey: VOSviewer, a computer program for bibliometric mapping[J]. Scientometrics, 2010, 84(2): 523-538.

[10] 熊永兰, 张志强, Wei Yongping, 等. 基于科学知识图谱的水文化变迁研究方法探析[J]. 地球科学进展, 2014, 29(1): 92-103.

第三章 我国粮食生产技术进步贡献率测算与分析

第一节 引 言

"民以食为天"，粮食在国民经济中具有举足轻重的战略性和基础性地位。中国的党和政府历来高度重视粮食生产与粮食安全，特别是在改革开放以来，为了解决中国的粮食安全问题，相继采取了一系列的对策措施，如生产经营体制改革、流通与购销体制改革、农业科技与推广体制改革等，大力发展粮食生产，使中国的粮食生产跃上了快速发展的轨道，为确保中国粮食安全和国民经济的健康运行奠定了坚实的基础。粮食总产量从 1978 年的 30 477 万吨先后登上了 35 000 万吨、40 000 万吨、45 000 万吨、50 000 万吨、55 000 万吨、60 000 万吨和 65 000 万吨七个台阶，2018 年粮食产量达到 65 789 万吨，保持在历史最高水平附近[①]。然而，客观分析我国粮食生产现状，仍存在以下几个突出的问题：第一，我国多年高速经济增长拉动要素价格的上涨。这让中国很快失去了人工、土地等成本优势，直接导致国内外粮食价格倒挂状况的出现，促使我国粮食生产处于两难的境地。第二，农业和其他产业相比更多地受制于自然环境和资源禀赋的约束。随着粮食投入要素的边际生产率的递减，靠着投入要素释放红利的时代也渐渐远去。第三，人民生活水平的提高对饮食结构和粮食质量安全提出了更高的要求，就显得我国粮食结构失衡的问题尤为突出。解决以上问题最根本的方法是依靠技术进步在粮食生产中

---

① 数据来源于国家统计局网站 http://www.stats.gov.cn/。

的推进作用，也只有技术进步才是解决粮食安全问题的根本途径[1]。

如何科学评价技术进步在粮食增产中的作用，以及如何找出并着力克服技术进步中的短板，充分发挥粮食增产的科技潜力是当前及未来一个时期必须着力解决的一个重大问题。因此，本章拟通过对以往研究文献的梳理，结合我国粮食生产的特点，提出测算我国粮食生产技术进步的模型方法，揭示我国粮食生产技术进步的基本状况、特点，深入分析影响粮食生产技术进步的因素，最后提出促进我国粮食生产技术进步的对策建议。

第二节　我国粮食生产技术进步贡献率理论概述及模型构建

一、理论与研究方法的回顾

对农业技术进步理论的研究开始于熊彼特的技术创新理论。1956 年索洛（Solow）提出技术进步是经济增长中剔除要素投入增长部分后的余值，称为索洛余值，又被称为全要素生产率（total factor productivity，TFP）增长率。索洛提出的两途径增长理论引发了后来全要素生产率及其分解研究的热潮。有学者认为经济增长由投入增长、技术进步和技术效率三部分产生[2]。有的学者认为全要素生产率应该由技术进步、技术效率、规模效率和分配效率等四部分内容组成[3]。全要素生产率增长率的测算方法，从技术效率是否考量的角度分为前沿分析方法和非前沿分析方法。前沿分析方法会关注技术效率损失的方式及影响因素；非前沿分析方法是假定不存在技术效率损失，用生产函数模型和指数法评估[4]。从是否设定参数的角度可分为参数分析方法和非参数分析方法。参数分析方法分为确定前沿分析方法和随机前沿分析方法；非参数分析方法主要采用 Malquist 指数、距离函数和数据包络分析（data envelopment analysis，DEA）[5]。

我国学者在借鉴国外研究成果的基础上对我国粮食生产做了大量的研究，主要集中在以下三大方向。

第一，对全国粮食的全要素生产率的测算分析。很多学者对我国粮食全要素生产率进行了分析，时间涵盖了 1953 年至 2015 年粮食全要素生产率的变化情况。测算结果结论集中在以下几方面：一是随着时间的推进和资源稀缺的加剧，单靠要素投入已不能提高粮食全要素的增长，要在提高技术进步前沿面的基础上提高主产区的技术效率；二是农业政策和基础设施建设会提高粮食全要素生产率[6-10]。除了对全国粮食全要素生产率进行研究外，还有很多学者对不同省区市或地区进行了相应的研究。

第二，关注粮食作物的生产技术效率特征。亢霞和刘秀梅利用 1992～2002 年省级面板数据，运用随机前沿生产函数对我国小麦、玉米、大豆和水稻等作物的技术效率进行了测算分析，发现增加肥料、种子和机械的投入的增产潜力十分有限[11]。唐建和 Vila 采用随机前沿生产函数通过 1990～2013 年中国 31 个省区市面板数据测算了粮食生产技术效率及变动趋势，发现技术进步对粮食生产的贡献越来越大，财政支农政策对不同省区市的技术效率影响存在显著性差异，家庭经济水平和劳动力受教育水平对粮食生产技术效率起到积极作用[12]。有的学者关注在不同约束条件下对粮食作物生产技术效率产生的影响。曾雅婷等关注农地流转对粮食生产技术效率的影响[13]；朱丽娟研究发现不同灌溉方式会对种粮大户的生产技术产生不同影响[14]；赵丽平等探索了人口城镇化、土地城镇化和经济城镇化对粮食生产技术效率的影响[15]；江东坡等[16]和朱满德等[17]从农业补贴的角度分别对小麦和粳稻的技术效率进行了研究。

第三，对我国粮食生产技术进步贡献率进行测算分析。20 世纪最后 20 年，学者们开始关注农业技术进步贡献率的测算方法的研究和探讨[18, 19]。他们分别采用不同的方法测算我国不同省份的农业技术进步贡献率[20-23]。2008 年赵芝俊等对中国农业技术进步贡献率的测算方法进行了回顾和评析，标志着我国农业技术经济研究达到新的高度[24, 25]。然而，对我国粮食生产技术进步贡献率进行测算的研究相对较少。2008年刘国民和崔宁波采用科布-道格拉斯生产函数索洛增长速度方程对我国1991～2005年大豆生产技术进步贡献率进行了测算[26]。田云等采用同样的方法对我国1991～2008年的水稻生产技术进步贡献率进行了测算[27]。但这种计算方法存在两个主要的弊端：一是科布-道格拉斯生产函数假设要素替代弹性为1，因此无法反映偏向性技术进步；二是这种方法假定不存在技术效率损失，显然不符合现实生产情况。

基于上述理论与研究方法的回顾，本节认为深刻剖析当前我国粮食生产技术进步贡献率，将有助于对我国粮食生产形势进行总体把握，有助于提升粮食投入要素的配置效率，降低粮食生产成本，有助于对出现技术退步趋势的粮食作物提前预警。而且，对粮食生产技术进步问题的研究能够帮助我们调整粮食作物资源配置结构，提升粮食品质，减少资源浪费。

二、理论模型与数据

（一）全要素生产率增长率的测算与分解

全要素生产率一般意义的概念是衡量单位总投入的总产出的生产率指标，即总产量与全部投入要素的加权平均之比。它弥补了以往单要素生产率指标不能反映经济增长全过程的缺憾。但在实证研究中，全要素生产率的增量概念会受到更多的关注。在宏观经济学增长核算框架之下，全要素生产率的增量可以解释除要素投入（如劳动、资本等）以外的实际经济增长的结果。而对全要素生产率增长率核算做出开创性贡献的经济学家就是上文所提到的索洛。索洛提出的测算方法是用总产出增长率减去所有投入要素的增长率（用各要素产出弹性作为权重）之后剩余部分表示全要素生产率的增量，并将此等同于科技进步率。但实际上，全要素生产率的增长的含义远比科技进步要丰富得多。除了科技进步以外，它还包含了资源配置效率的提升、规模经济的增长、要素质量的提高及专业分工等内容，甚至对生产率有影响的天气因素、制度因素等都在全要素生产率增长中有所体现。

为了更加准确地分析技术进步对经济增长的影响，很多经济学家开始尝试将全要素生产率增长率进行分解。将全要素生产率增长率分解为狭义技术进步率、技术效率变化率、规模报酬收益率变化率和资源配置效率变化率四个部分是理论界比较认可的分解方式[28]。通过不同计量经济的方法对上述四个部分分别进行测算，然后加总就得到全要素生产率增长率。这种用加总方式测算的全要素生产率增长率与用扣除方式的索洛残值法相比，可以将非技术进步的因素排除[28]。

（二）理论模型与全要素生产率增长率的分解方法

1. 理论模型

在选取模型时，本章考虑了以下几方面的因素：第一，通常测算农业技术进步贡献率时，多用科布-道格拉斯生产函数，产出指标以实际农业总产值衡量，投入指标多为农业物质费用、土地、农业劳动力等生产变量，但在测定粮食生产技术进步率时存在以下问题：①产出采用粮食产值会受到粮食价格的影响，掩盖了技术进步对粮食产量的作用。②笼统地以农业物质费用作变量，体现不出当前我国化肥、农机、种子等投入要素对粮食生产的作用。③具体测算时不能更准确地分离出不同粮食的播种面积。④无法获得投入粮食生产的劳动力人数。第二，农业技术需要借助生产要素投入才能更好地发挥作用。技术中性的假定势必会影响技术贡献率的测算，因此模型的选择要能体现偏向性技术进步。第三，农业技术对粮食生产的影响除了技术进步率外，有很大一部分在于技术效率的高低。技术效率的研究对粮食生产的资源配置能起到很强的指导作用，因此应将其考虑在广义技术进步率之内。基于以上原因，本节以 Battese 和 Coelli 提出的随机前沿模型为基础，并借鉴孙昊[3]、李首涵[29]、彭代彦和文乐[30]、刘颖等[31]、胡祎和张正河[32]等的研究，最终将本书模型形式设定如下[33]：

$$\ln Y_{it} = \ln F(\ln X, t) - u$$

$$= \beta_0 + \beta_1 \ln L_{it} + \beta_2 \ln F_{it} + \beta_3 \ln M_{it} + \beta_4 \ln S_{it} + \frac{1}{2}\beta_5 (\ln L_{it})^2 + \frac{1}{2}\beta_6 (\ln F_{it})^2$$

$$+ \frac{1}{2}\beta_7 (\ln M_{it})^2 + \frac{1}{2}\beta_8 (\ln S_{it})^2 + \beta_9 \ln L_{it} \ln F_{it} + \beta_{10} \ln L_{it} \ln M_{it} + \beta_{11} \ln L_{it} \ln S_{it} \quad （3-1）$$

$$+ \beta_{12} \ln F_{it} \ln M_{it} + \beta_{13} \ln F_{it} \ln S_{it} + \beta_{14} \ln M_{it} \ln S_{it} + \beta_{15} t + \frac{1}{2}\beta_{16} t^2 + \beta_{17} t \ln L_{it}$$

$$+ \beta_{18} t \ln F_{it} + \beta_{19} t \ln M_{it} + \beta_{20} t \ln S_{it} + (\upsilon_{it} - \mu_{it})$$

其中，Y_{it} 为第 t 年第 i 个生产省（自治区、直辖市）的单位产量（千克/亩①）；L_{it}、F_{it}、M_{it}、S_{it} 分别为第 t 年第 i 个生产省（自治区、直辖市）的劳动投入量（工日/亩）、化肥折纯量（千克/亩）、机械投入量、种子用量（千克/亩）；$\beta_0 \sim \beta_{20}$ 为待估计的参数；υ_{it} 为随机误差项；μ_{it} 为技术无效率项。

2. 全要素生产率增长率的分解方法

本章采用当前理论界比较认可的全要素生产率增长率的分解方法，将其分解为狭义技术进步率、技术效率变化率、规模报酬收益率变化率和资源配置效率变化率四个部分。接下来详细阐述具体的测算方法。

1）测算狭义技术进步率的方法

如前文所述，在农业要素投入过程中农业技术才能发挥出来，因此好的农业生产函数应该能够体现出技术进步的偏向性。所以生产函数采用超越对数生产函数，如

---

① 1 亩 ≈ 666.7 平方米。

$$\ln Y_{it} = \beta_0 + \beta_1 \ln L_{it} + \beta_2 \ln F_{it} + \beta_3 \ln M_{it} + \beta_4 \ln S_{it}$$
$$+ \frac{1}{2}\beta_5(\ln L_{it})^2 + \frac{1}{2}\beta_6(\ln F_{it})^2 + \frac{1}{2}\beta_7(\ln M_{it})^2 + \frac{1}{2}\beta_8(\ln S_{it})^2$$
$$+ \beta_9 \ln L_{it} \ln F_{it} + \beta_{10} \ln L_{it} \ln M_{it} + \beta_{11} \ln L_{it} \ln S_{it} \qquad (3\text{-}2)$$
$$+ \beta_{12} \ln F_{it} \ln M_{it} + \beta_{13} \ln F_{it} \ln S_{it} + \beta_{14} \ln M_{it} \ln S_{it}$$
$$+ \beta_{15}t + \frac{1}{2}\beta_{16}t^2 + \beta_{17}t \ln L_{it} + \beta_{18}t \ln F_{it} + \beta_{19}t \ln M_{it} + \beta_{20}t \ln S_{it} + \upsilon_{it}$$

在超越对数生产函数中，狭义技术进步率的计算公式为

$$\dot{\mathrm{T}}\mathrm{P} = \frac{\partial \ln Y}{\partial t} = \varepsilon_t = \beta_{15} + \beta_{16}t + \beta_{17} \ln L + \beta_{18} \ln F + \beta_{19} \ln M + \beta_{20} \ln S \qquad (3\text{-}3)$$

其中，$\beta_{15} + \beta_{16}t$ 为希克斯中性技术进步，表示技术进步随时间变化而变化，主要是一种根本性的技术变革，使生产技术前沿面整体抬升。后面四项代表单个投入要素发挥作用的偏向性技术进步。

通过对式（3-2）中要素的对数求一阶导数：$\varepsilon_i = \partial \ln Y / \partial \ln X_i$，得到四种投入要素（劳动、化肥、机械和种子）的产出弹性的计算公式：

$$\varepsilon_L = \beta_1 + \beta_5 \ln L + \beta_9 \ln F + \beta_{10} \ln M + \beta_{11} \ln S + \beta_{17}t$$
$$\varepsilon_F = \beta_2 + \beta_6 \ln F + \beta_9 \ln L + \beta_{12} \ln M + \beta_{13} \ln S + \beta_{18}t$$
$$\varepsilon_M = \beta_3 + \beta_7 \ln M + \beta_{10} \ln L + \beta_{12} \ln F + \beta_{14} \ln S + \beta_{19}t \qquad (3\text{-}4)$$
$$\varepsilon_S = \beta_4 + \beta_8 \ln S + \beta_{11} \ln L + \beta_{13} \ln F + \beta_{14} \ln M + \beta_{20}t$$

2）测算技术效率变化率的方法

近期研究中，测算技术效率的方法更多采用参数法的随机前沿分析和非参数法的 DEA[24]。随机前沿分析设定一定的生产函数表示生产前沿，并通过随机误差项控制不确定因素对生产过程的影响，而 DEA 是线性规划模型，没有确定的生产函数形式，并且对不确定因素对生产的影响无法控制[34]。粮食生产过程本身受到环境等很多不确定因素的影响，所以，在此采用 Battese 和 Coelli 所提出的时变非效率模型来测算粮食生产过程中的技术效率及其变

化[33]。假定 u_{it} 服从半正态分布 $N(0, \sigma_u^2)$，v_{it} 服从 $N(0, \sigma_v^2)$。u_{it}、v_{it} 及其他变量间相互独立，假设：

$$E_{it} = v_{it} - u_{it}$$

可以通过极大似然函数求得 β_{it} 和两个误差项方差的估计值，进而可以估计技术效率 TE。技术效率估计采用 Battese 和 Coelli 提出的估计式[33]：

$$\text{TE} = E\left(\exp(-u_{it}) \mid E_i\right) = \frac{1 - \Phi(\eta_t \sigma_* - \mu_{*i} / \sigma_*)}{1 - \Phi(-\mu_{*i} / \sigma_*)} \cdot \exp\left(-\eta_t \mu_{*i} + \frac{1}{2} \eta_t^2 \sigma_*^2\right) \quad （3-5）$$

其中，$\mu_{*i} = -\dfrac{\varepsilon_i \sigma_\mu^2}{\sigma^2}$，$\sigma_* = \dfrac{\sigma_\mu \sigma_v}{\sigma}$，$\sigma^2 = \sigma_\mu^2 + \sigma_v^2$，$\Phi(\cdot)$ 为非负截断正态分布。

$\eta_t = e^{-\eta(t-T)}$，η_t 为技术效率随时间变动的参数。若统计显著，说明技术效率随时间出现显著变化。$\eta > 0$，表示技术效率损失的绝对值随时间推移变小；$\eta < 0$，表示技术效率损失的绝对值随时间推移变大；$\eta = 0$ 表示不变。T 为时间维度（T=19）。

$\gamma = \dfrac{\sigma_u^2}{\sigma_u^2 + \sigma_v^2}$，$0 \leqslant \gamma \leqslant 1$，表示技术无效率项对实际产出的影响程度。$\gamma$ 越大，技术效率对产出的影响越大，需要考虑技术无效率项；γ 越小，表示技术效率对产出影响较小，随机因素是误差的主要来源。

由技术效率的定义式（3-5）可以得出技术效率变化率的公式为

$$\dot{\text{TE}} = \frac{\partial \text{TE}}{\partial t} \quad （3-6）$$

3）全要素生产率增长率分解公式

对式（3-1）两边关于时间 t 求导数得

$$\frac{d \ln Y}{dt} = \frac{\partial F}{\partial t} + \sum_i \frac{\partial \ln F}{\partial \ln X_i} \cdot \frac{d \ln X_i}{dt} - \frac{\partial u}{\partial t} = \dot{\text{TP}} + \sum_i \varepsilon_i \cdot \frac{d \ln X_i}{dt} + \dot{\text{TE}} \quad （3-7）$$

其中，$\varepsilon_i = \dfrac{\partial \ln F}{\partial \ln X_i}$，即投入要素的产出弹性。

引入 Divisia 全要素生产率增长指数公式[28]：

$$\mathrm{T\dot{F}P} = \frac{\mathrm{d}\ln Y}{\mathrm{d}t} - \sum_i S_i \cdot \frac{\mathrm{d}\ln X_i}{\mathrm{d}t} \qquad (3\text{-}8)$$

其中，$S_i = \dfrac{\omega_i X_i}{\sum \omega_i X_i}$，$\omega_i$ 为第 i 种要素的价格。

将式（3-7）代入式（3-8），得

$$\begin{aligned}
\mathrm{T\dot{F}P} &= \dot{\mathrm{T}}\mathrm{P} + \sum_i (\varepsilon_i - S_i) \frac{\mathrm{d}\ln X_i}{\mathrm{d}t} + \dot{\mathrm{T}}\mathrm{E} \\
&= \dot{\mathrm{T}}\mathrm{P} + (\varepsilon - 1)\sum_i \frac{\varepsilon_i}{\varepsilon} \frac{\mathrm{d}\ln X_i}{\mathrm{d}t} + \sum_i \left(\frac{\varepsilon_i}{\varepsilon} - S_i\right) \frac{\mathrm{d}\ln X_i}{\mathrm{d}t} + \dot{\mathrm{T}}\mathrm{E}
\end{aligned} \qquad (3\text{-}9)$$

其中，$\mathrm{T\dot{F}P}$ 为全要素生产率增长率，也被称为广义技术进步率。$\dot{\mathrm{T}}\mathrm{P}$ 为狭义技术进步率；第二项 $\dot{\mathrm{T}}\mathrm{P} + (\varepsilon - 1)\sum_i \dfrac{\varepsilon_i}{\varepsilon} \dfrac{\mathrm{d}\ln X_i}{\mathrm{d}t}$ 代表规模收益变动率，其中 ε_i 代表式（3-4）中投入要素（劳动、化肥、机械和种子）的产出弹性；第三项 $\sum_i (\dfrac{\varepsilon_i}{\varepsilon} - S_i) \dfrac{\mathrm{d}\ln X_i}{\mathrm{d}t}$ 表示投入要素配置效率变化率，其中 $S_i = \dfrac{\omega_i X_i}{\sum \omega_i X_i}$，$\omega_i$ 为第 i 种要素的价格。在此假定粮食生产规模报酬不变，即 $\varepsilon = 1$；假定农户资源配置达到最优状态，因此资源配置效率变化率为零。因此，简化的 $\mathrm{T\dot{F}P}$ 由中性技术进步率、偏向性技术进步率和技术效率三部分组成，具体分解内容在后面部分具体阐述。

（三）数据说明

1. 数据收集

数据采用年限从 1998 年起，到 2016 年止，数据跨度为 19 年。粮食单产、单位面积用工量、单位面积的化肥投入量、种子用量可直接从《全国农产品成本收益资料汇编》中获得数据。机械投入量用机械作业费与直接费用的比值表示。

考虑到投入产出数据的可获得性和年度间的连续性，样本的选取情况如下：早籼稻选取了 9 个省区（浙江、安徽、福建、江西、湖北、湖南、广东、广西、海南）；中籼稻选取了 10 个省份（江苏、安徽、福建、河南、湖南、湖北、四川、贵州、云南、陕西）；晚籼稻选取了 9 个省区（浙江、安徽、福建、江西、湖北、湖南、广东、广西、海南）；粳稻选取了 13 个省区（河北、内蒙古、辽宁、吉林、黑龙江、江苏、浙江、安徽、山东、河南、湖北、云南、宁夏）；小麦选择了 15 个省区（安徽、甘肃、河北、河南、江苏、内蒙古、黑龙江、湖北、山东、山西、陕西、四川、宁夏、新疆、云南）；玉米选择了 17 个省区（安徽、广西、贵州、河北、黑龙江、河南、湖北、江苏、吉林、辽宁、宁夏、陕西、山东、山西、四川、云南、新疆）。

2. 数据整理说明

为了不失更多数据信息，本节对于数据缺失采取了以下插补方法：第一，指标缺失 1 年数据采用该年前后一年相应指标的算术平均数填入。第二，指标缺失 2～3 年的数据利用其他年份算得的平均增长率的方式进行填入。第三，关于 2001 年投入量的值，《全国农产品成本收益资料汇编》未统计，采用该年前后一年投入量的算术平均数填入。

第三节　我国粮食生产要素产出弹性分析

粮食生产要素，就是生产各种不同的粮食作物时所投入的各种生产要素的比例和对粮食产出的贡献。虽然粮食生产要受到社会环境和自然环境等多方面因素的影响，但在实际统计中并不能面面俱到。对于不同粮食作物的生产要素，《全国农产品成本收益资料汇编》以单亩土地投入费用的形式统计了各年份全国及各主要生产省份人工成本、土地成本以及物质与服务费用等三大部分的成本。如果笼统地将物质与服务费用作为其中一种生产要素，不能清楚地看出粮食生产过程中不同生产要素之间的比例关系，尤其是对粮食生产起到关键作用的化肥、种子、农机等因素的作用将会被模糊掉。因此，本章将物质与服务费用进行分解，主要包括化肥、农机、种子等。关于粮食播种面积是否选择的问题，本章考量了两方面的因素：第一，在实际测量中很难分离出不同粮食的播种面积；第二，化肥和种子等要素与粮食的播种面积存在极强的相关性。综上，本章对粮食生产要素的选择包括单位土地面积上劳动、化肥、农机和种子等四种投入要素。

一、参数估计结果

本章采用 Frontier41 软件对随机前沿生产函数进行估计，结果如表 3-1 所示。

表 3-1 六种作物超越对数随机前沿生产函数估计结果及显著性

解释变量	参数	早籼稻 估计值	中籼稻 估计值	晚籼稻 估计值	粳稻 估计值	小麦 估计值	玉米 估计值
C	β_0	9.007^{***}	13.533^{***}	-2.129	10.935^{***}	5.964^{***}	3.936^{***}
$\ln L$	β_1	0.060	-2.089^{***}	2.360	-2.052^{***}	-0.216	0.520
$\ln F$	β_2	-1.520	-2.714^{***}	3.374^{*}	-0.797	1.017	1.075
$\ln M$	β_3	-1.213	0.550	-0.008	-0.518	-0.678	0.552
$\ln S$	β_4	-1.051	-0.736^{***}	-1.813	-1.181	-3.286^{**}	-3.251^{**}
$(\ln L)^2$	β_5	0.338	0.149	-0.354	0.155	-0.094	-0.165
$(\ln F)^2$	β_6	1.092^{**}	0.317	-0.449	0.086	0.205	-0.238

解释变量	参数	早籼稻 估计值	中籼稻 估计值	晚籼稻 估计值	粳稻 估计值	小麦 估计值	玉米 估计值
$(\ln M)^2$	β_7	−0.115	0.028*	0.827*	−0.152	0.271	0.073
$(\ln S)^2$	β_8	0.060	0.024	0.425	−0.445*	4.027***	2.262
$\ln L \ln F$	β_9	−0.557**	0.550***	−0.568	0.217*	−0.104	−0.043
$\ln L \ln M$	β_{10}	0.578*	0.081	0.221	0.429**	0.024	−0.154
$\ln L \ln S$	β_{11}	0.083	0.000	0.416	0.536***	0.647	0.209
$\ln F \ln M$	β_{12}	−0.228	0.158***	−0.484	−0.046	0.052	−0.135
$\ln F \ln S$	β_{13}	0.157	−0.176	0.082	0.127	−0.946*	0.381
$\ln M \ln S$	β_{14}	0.489**	−0.001	0.310	−0.286	0.137*	0.704**
t	β_{15}	0.051	−0.005	0.069	−0.081**	0.056	0.018
t^2	β_{16}	−0.002*	0.0004	0.0005	0.001**	−0.003***	0.0002
$t \ln L$	β_{17}	0.007	−0.009	−0.017	0.003	−0.023**	0.005
$t \ln F$	β_{18}	−0.029	0.014	−0.002	0.011	−0.003	−0.005
$t \ln M$	β_{19}	0.045***	0.001	−0.009	0.013	0.036*	0.001
$t \ln S$	β_{20}	−0.023*	−0.006	0.021	0.024**	−0.009	−0.013
σ^2		0.005	0.009***	0.255*	0.011**	0.035***	0.035***
γ		0.631	0.494***	0.989***	0.649***	0.090	0.645***
μ		−0.110	0.130**	−1.005	0.116*	0.112	0.302***
η		0.089***	−0.046*	−0.029***	0.009	0.011	−0.004
似然比单边检验		23.616***	2.407	273.753***	87.231***	6.866*	218.392***
样本数量		171	190	171	247	285	323
截面数量		9	10	9	13	15	17

***、**和*分别表示 1%、5%和 10%的显著性水平

从估计结果可知，早籼稻、晚籼稻、粳稻、小麦和玉米的似然比单边检验高于 10%的显著性水平下的卡方分布（3 个限制条件），说明 γ、μ、η 不全为 0。早籼稻、中籼稻、晚籼稻的 η 在 10%的显著水平下通过了检验，说明这三种作物的技术效率会随着时间出现显著变化，其中早籼稻的技术效率损

失绝对值会随着时间变化而变小，中籼稻、晚籼稻的技术效率损失的绝对值会随着时间变化而变大。若 γ 统计显著，说明在样本条件下，作物的生产存在效率损失，复合扰动项可由技术非效率解释的部分为 γ 的占比表示。从表 3-1 中可知，中籼稻、晚籼稻、粳稻和玉米在 1% 的显著水平下通过了 t 检验，说明以上四种作物存在技术效率损失，分别可以解释复合扰动项的 49.4%、98.9%、64.9% 和 64.5%。值得注意的是，粳稻和玉米的 γ 值在 1% 统计显著，但是它们相对应的 η 没有通过检验，说明这两种作物存在技术效率损失，但效率损失的原因可能并不随时间的推移而变化，也许与农民受教育水平或政策因素导致的资源结构的调整等因素有关。

从时间 t 的系数 β_{15} 和 β_{16} 的估计结果可以看出，t 的一次项系数只有粳稻统计显著，符号还为负号，二次项系数中早籼稻、粳稻和小麦统计显著，但趋近于 0，这说明这六种作物中性技术进步增长缓慢，狭义技术进步几近处于停滞状态。

二、生产要素和产出弹性

（一）平均要素投入产出弹性分析

将表 3-1 中参数的估计结果代入式（3-4），得到不同作物的要素投入产出弹性（图 3-1）。

从不同作物对比可以看出，六种作物中，只有晚籼稻的要素投入对产出的弹性为正值。大部分作物投入要素产出弹性小于 0.5，即要素投入增加一倍，产出的变化率不足 50%，说明单纯在数量上增加要素投入对产出的增长作用极其有限。从要素投入的敏感性来看，中籼稻的产出对各要素投入的敏感性最强，其中机械投入和种子投入的弹性绝对值都超过了 1，说明在中籼稻的生产中加大机械的投入和减少种子的投入会大幅度地提升产出数量；敏感性最弱的作物是早籼稻，四种要素投入对产出的弹性绝对值不足 0.1。

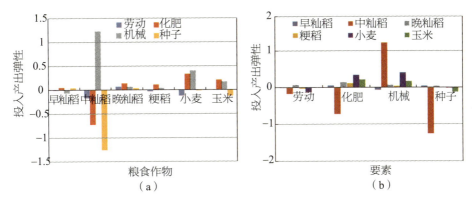

图 3-1 1998～2016 年六种粮食作物的平均要素投入产出弹性对比图

　　从要素投入弹性对比看，劳动只有在晚籼稻的生产中弹性为正，在玉米生产中的作用几乎为零，在其他四种作物中的作用为负，说明当前劳动要素的投入的增加会阻碍粮食产量的增加。在化肥投入中，它对中籼稻产出的负作用比较明显，弹性达−0.725。机械投入对六种作物整体产出弹性平均为0.306，在四种要素投入中作用最强，尤其是在中籼稻和小麦中的作用更为突出，但早籼稻的机械投入弹性为负值。在种子投入方面，中籼稻、粳稻、小麦和玉米的产出弹性为负值，早籼稻和晚籼稻的弹性为正值，其中中籼稻种子投入产出弹性的负作用异常突出，达到−1.256，而粳稻的投入产出弹性几乎为零。对于种子投入弹性的正负值如何解释？什么情况下带来正向作用？什么情况下带来负向作用？本章认为应从三个方面讨论：在传统技术水平下，粮食作物的产出会随种子投入数量的增加而增加，弹性符号为正时是正向作用；在种子技术处于迭代状态下，技术质量的提升会减少种子的投入数量，弹性符号为负是正向作用；当技术在一新高度处于稳定状态并配以科学的现代化管理时，种子的投入与产出达到标准化状态，即每亩耕地种子投入产出比例固定，种子投入产出弹性为零。因此，就中籼稻种子投入产出的负弹性高达 1.256 的情况，需要深入研究，到底是技术处于迭代的状态；还是种子质量不高，仅能靠加大数量提升产出量。

为了更好地阐释粮食作物要素投入产出弹性的变化状况，本节与亢霞、刘秀梅2005年的研究结果进行了对比分析，如表3-2所示[11]。比较1998～2016年、1992～2002年六种粮食作物的平均要素投入产出弹性可以看出，随着技术进步，劳动对产出的影响作用明显减弱，从0.125减至0.045。产出对化肥的依赖减少为2002年的1/10左右，从不同作物的比对发现，化肥对早籼稻、晚籼稻、粳稻的正向作用在减弱，对中籼稻的负向作用在增强，体现粮食生产更加绿色和健康。机械的投入产出弹性从–0.03变为0.306，说明我国农业机械化水平的提升在粮食生产中的正向作用明显。种子的投入产出弹性由–0.01（近似于0）变为–0.22，说明我国种子技术正从一个稳定水平向一个更高的技术水平迭代。

表3-2 六种粮食作物的平均要素投入产出弹性变化状况

1998～2016年六种粮食作物的平均要素投入产出弹性（本书）						
要素	早籼稻	中籼稻	晚籼稻	粳稻	小麦	玉米	平均
劳动	–0.012	–0.172	0.069	–0.032	–0.123	0.001	–0.045
化肥	0.053	–0.725	0.14	0.113	0.34	0.212	0.022
机械	–0.067	1.227	0.065	0.039	0.406	0.168	0.306
种子	0.042	–1.256	0.038	–0.001	–0.015	–0.127	–0.22
1992～2002年六种粮食作物的平均要素投入产出弹性（文献[11]）						
要素	早籼稻	中籼稻	晚籼稻	粳稻	小麦	玉米	平均
劳动	–0.2	–0.26	–0.07	–0.05	0.1	–0.27	–0.125
化肥	0.36	–0.29	0.36	0.2	0.23	0.14	0.167
机械	0.17	0.14	–0.11	–0.22	0.04	–0.2	–0.03
种子	–0.38	0.09	0.2	–0.17	–0.01	0.21	–0.01

从不同作物角度来看，十多年前早籼稻主要靠化肥、机械投入和种子质量提

升来增加产量，现在这四种要素的弹性绝对值都不足 0.1，说明当前早籼稻生产所投入的要素附着的技术含量已达到稳定或下滑的状态，急需技术突破。在中籼稻生产中，化肥对生产的负作用在增强，劳动投入的负作用在减弱，但幅度不大。机械投入弹性从 0.14 增加到 1.227，说明中籼稻的农业机械化水平在提高。种子投入弹性由 0.09 变为–1.256，说明中籼稻的种子技术的迭代作用明显。

（二）要素投入产出弹性变化趋势

由图 3-2 可以看出以下几个变化趋势：第一，早籼稻、粳稻和小麦的劳动和机械投入产出弹性变化趋势是反向关系，晚籼稻两者弹性趋势同方向变动。中籼稻和玉米的劳动产出弹性都是在弹性为 0 处徘徊，说明劳动投入对这两种作物的产出作用不大。第二，化肥投入在早籼稻和晚籼稻中弹性波动较大，在中籼稻、粳稻和小麦中的弹性变化相对平缓，说明该要素对此作物的产出影响相对稳定，玉米的化肥投入产出弹性有明显下降的趋势。除了中籼稻的化肥投入产出弹性一直是明显的负影响外，其他作物相应弹性都处于相对高位弹性的正向影响，说明化肥在 1998～2016 年的粮食生产中的作用非常重要。第三，种子投入产出弹性在早籼稻、粳稻和小麦中有明显下降的趋势，而在晚籼稻中是上升趋势，中籼稻的种子投入产出弹性值稳定在–1.25 处。第四，中籼稻和玉米的要素弹性趋势相对平缓没有明显波动，而其他四种作物大体都在 2004 年和2015 年有明显的波动点。本节认为这些变化与这两年国家提出的粮食相关政策有关。2004 年全面放开粮食收购价格并且对种粮农民的补贴从通过流通环节的间接补贴改为对粮农的直接补贴。2015 年提出的供给侧结构性改革促使全国粮食在种植结构上进行优化调整。为了刺激农业技术的更新换代，国家还出台了一系列针对良种、农机购置、农机报废更新、粮食绿色增产模式、测土配方施肥、耕地保护和设施农用地等内容的补贴和支持政策。这两年针对粮食的政策对不同品种的粮食产生影响方式的不同带来各自不同的影响结果。

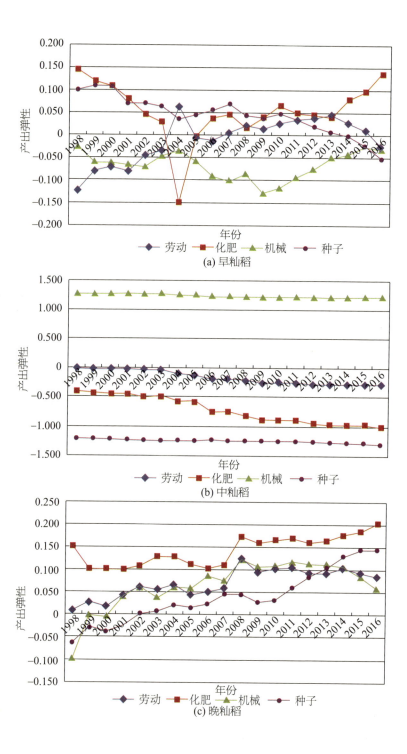

(a) 早籼稻

(b) 中籼稻

(c) 晚籼稻

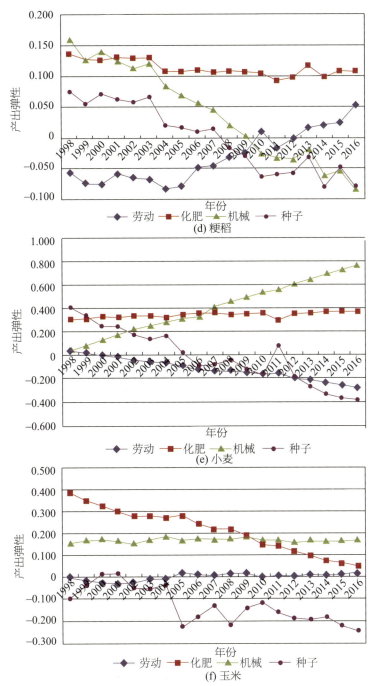

图 3-2　1998～2016 年六种粮食作物要素产出弹性变化趋势

第四节　粮食生产狭义技术进步率及贡献率测算分析

一、按不同作物测算分析狭义技术进步率

用式（3-3）测算六种粮食作物 1998～2016 年的平均狭义技术进步率，最终结果如表 3-3 所示，六种粮食作物的狭义技术进步率由高到低是晚籼稻、玉米、早籼稻、粳稻、小麦和中籼稻，平均狭义技术进步率分别为 1.49%、1.10%、0.76%、0.74%、0.63%和–0.38%。计算结果是平均 1998～2016 年各种作物的狭义进步率得出的总体情况，而分析粮食作物的技术进步和退步状况还需结合中性技术进步和偏向性技术进步趋势来综合分析。

根据图 3-3 给出的六种粮食作物的狭义技术进步率变化趋势可以看出，短期内如果没有其他外界因素的干扰，粳稻技术进步趋势比较明显，玉米存在微弱下降趋势，早籼稻、晚籼稻和小麦出现生产技术退步现象，中籼稻技术进步呈现先下降后抬升的趋势。从图 3-3 中还可以发现以下几个现象：第一，早籼稻、中籼稻和小麦的中性技术进步率存在明显的退步现象，可能由于管理水平滑坡，管理制度老旧不适合当前生产关系，外部学习能力下降，许久未更新生产方式或迭代产品。第二，早籼稻、晚籼稻、小麦和玉米的中性技术进步强于偏向性技术进步，但是小麦在 2014 年出现了转折，偏向性技术进步超过中性技术进步。从此也可以看出这几种粮食作物技术进步率停滞不前或退步的原因是中性技术进步未发挥积极正向作用的同时，生产要素的偏向性技术进步不足，拉低了狭义技术进步率。第三，虽然整体看六种粮食作物的偏向性技术进步不足，但是早籼稻、中籼稻、粳稻和小麦的偏向性技术进步都有抬头趋势。

表 3-3　六种粮食作物狭义技术进步率的测算结果（1998～2016 年）

年份	早籼稻	中籼稻	晚籼稻	粳稻	小麦	玉米
1998	0.37%	−0.08%	1.74%	−0.64%	1.88%	0.99%
1999	0.71%	0.02%	1.56%	−0.52%	1.76%	1.01%
2000	0.76%	0.01%	1.49%	−0.43%	1.79%	1.03%
2001	0.70%	0.05%	1.45%	−0.21%	1.53%	1.04%
2002	0.90%	0.03%	1.49%	−0.08%	1.39%	1.06%
2003	0.85%	0.01%	1.53%	0.03%	1.25%	1.04%
2004	1.42%	−0.12%	1.50%	0.11%	1.05%	1.07%
2005	0.94%	−0.01%	1.39%	0.28%	0.79%	1.10%
2006	0.98%	−0.43%	1.32%	0.52%	0.29%	1.10%
2007	1.09%	−0.33%	1.45%	0.67%	0.73%	1.09%
2008	1.01%	−0.51%	1.51%	0.89%	0.68%	1.13%
2009	1.07%	−0.67%	1.40%	1.07%	0.54%	1.09%
2010	0.98%	−0.74%	1.43%	1.33%	0.39%	1.12%
2011	0.90%	−0.75%	1.42%	1.36%	0.15%	1.15%
2012	0.76%	−0.76%	1.43%	1.56%	−0.02%	1.18%
2013	0.62%	−0.76%	1.45%	1.77%	−0.17%	1.16%
2014	0.38%	−0.77%	1.57%	1.93%	−0.39%	1.16%
2015	0.11%	−0.73%	1.60%	2.08%	−0.62%	1.19%
2016	−0.19%	−0.64%	1.65%	2.34%	−0.96%	1.19%
年平均	0.76%	−0.38%	1.49%	0.74%	0.63%	1.10%

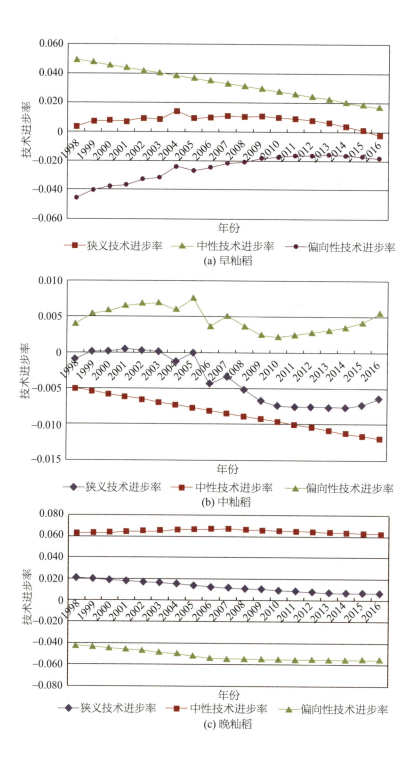

(a) 早籼稻

(b) 中籼稻

(c) 晚籼稻

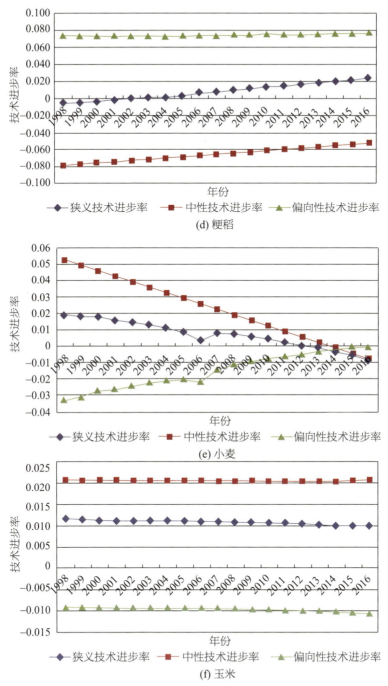

图 3-3　1998～2016 年六种粮食作物的狭义技术进步率及其组成部分的变化趋势

二、按不同主产省区测算分析狭义技术进步率

从表 3-4 可以更清楚地比较不同粮食主产区各种粮食作物的技术进步率的情

表 3-4　不同主产省区狭义技术进步率测算结果

地区	省区	早籼稻	中籼稻	晚籼稻	粳稻	小麦	玉米
东北	辽宁				0.49%		0.83%
	吉林				0.13%		0.90%
	黑龙江				0.40%	5.80%	0.98%
华东	山东				1.13%	0.79%	0.92%
	江苏		−0.07%		1.03%	1.62%	1.01%
	安徽	0.42%	−0.38%	1.49%	0.77%	1.42%	1.14%
	江西	0.30%		1.60%			
	浙江	1.55%		1.29%	0.59%		
	福建	0.61%	−0.37%	0.90%			
	广东	1.38%		1.46%			
	广西	0.92%		1.27%			1.23%
	海南	1.14%		1.96%			
华中	湖北	−0.39%	−0.30%	1.64%	0.04%	0.85%	1.30%
	湖南	0.87%	−0.46%	1.82%			
	河南		−0.73%		0.63%	1.25%	1.14%
华北	河北				0.90%	0.77%	1.07%
	山西					1.07%	1.24%
	内蒙古				0.39%	−0.29%	
西北	宁夏				2.37%	−0.45%	1.05%
	新疆					0.81%	0.68%
西北	陕西		−0.65%			0.41%	1.18%
	甘肃					−0.84%	
西南	四川		−0.53%			−2.03%	1.34%
	云南		−0.30%		0.74%	−1.63%	1.23%
	贵州		0.001%				1.45%
	平均	0.76%	−0.38%	1.49%	0.74%	0.64%	1.10%

况。纵向来看，早籼稻的主产区主要在华东和华中地区，平均狭义技术进步率最高的省区是浙江 1.55%，其次是广东和海南，分别是 1.38% 和 1.1.4%，而安徽、江西、福建、湖北没有超过平均水平，其中湖北早籼稻的技术进步率为 –0.39%。中籼稻的技术进步率整体水平不佳，进步率最高的贵州为 0.001%，近乎于 0。晚籼稻平均技术进步率是六种粮食作物中最高的，达 1.49%，晚籼稻技术进步率有待提高的省区为浙江、福建、广东和广西，均未达到平均水平。粳稻的 13 个主产区中，宁夏平均技术进步率最高，达到 2.37%，超过平均进步率 1.63 个百分点，而东北三省和华中两省都未超过平均水平，还有浙江和内蒙古的技术进步率也较低。领跑小麦生产技术进步率的省区是黑龙江，高达 5.80%，比其他 14 个省区技术进步率的总和还高出 2 个多百分点。其中，内蒙古、宁夏、甘肃、四川和云南的技术进步率都为负增长，严重拉低了小麦的技术进步贡献率。17 个玉米主产省区的技术进步贡献率较均衡，与平均技术进步贡献率 1.10% 相差不多，最高是贵州，为 1.45%，最低是新疆，达 0.68%。横向来看，大部分省区都有技术相对突出的作物生产，如黑龙江主产粳稻、小麦和玉米，与相应粮食作物的平均技术进步率比较，小麦的生产技术水平相对突出，但是，辽宁、吉林、内蒙古和甘肃 4 省区各自主产的粮食作物的技术进步率都未达到平均水平。

三、粮食作物单产技术效率测算分析

表 3-5 列出了六种不同粮食作物 1998～2016 年的技术效率及其变化率。就技术效率而言，这六种粮食作物平均技术效率约为 87%，其中早籼稻技术效率最高为 95.136%，技术效率最低的是玉米，也达到 73.201%。从技术效率的变化趋势的角度看，早籼稻、粳稻和小麦的技术效率在逐年提高，其中早籼稻以年均 0.432% 的增长速率在显著提高；中籼稻、晚籼稻和玉米的技术效率在逐年下降，平均技术效率变化率分别为 –0.414%、–0.353% 和 –0.134%。

表 3-5 1998~2016 年六种粮食作物平均技术效率和技术效率变化率

年份	早籼稻		中籼稻		晚籼稻		粳稻		小麦		玉米	
	技术效率	技术效率变化率	技术效率	技术效率变化率	技术效率	技术效率变化率	技术效率	技术效率变化率	技术效率	技术效率变化率	技术效率	技术效率变化率
1998	90.667%		94.219%		90.426%		86.106%		87.073%		74.076%	
1999	91.398%	0.806%	93.959%	-0.276%	90.171%	-0.282%	86.217%	0.129%	87.204%	0.150%	73.980%	-0.130%
2000	92.078%	0.744%	93.688%	-0.288%	89.910%	-0.289%	86.327%	0.128%	87.333%	0.148%	73.884%	-0.130%
2001	92.707%	0.683%	93.406%	-0.301%	89.642%	-0.298%	86.436%	0.126%	87.462%	0.148%	73.788%	-0.130%
2002	93.291%	0.630%	93.111%	-0.316%	89.369%	-0.305%	86.544%	0.125%	87.589%	0.145%	73.692%	-0.130%
2003	93.830%	0.578%	92.804%	-0.330%	89.089%	-0.313%	86.651%	0.124%	87.715%	0.144%	73.595%	-0.132%
2004	94.329%	0.532%	92.483%	-0.346%	88.803%	-0.321%	86.758%	0.123%	87.839%	0.141%	73.498%	-0.132%
2005	94.789%	0.488%	92.150%	-0.360%	88.511%	-0.329%	86.864%	0.122%	87.963%	0.141%	73.401%	-0.132%
2006	95.214%	0.448%	91.802%	-0.378%	88.212%	-0.338%	86.969%	0.121%	88.085%	0.139%	73.303%	-0.134%
2007	95.606%	0.412%	91.439%	-0.395%	87.906%	-0.347%	87.073%	0.120%	88.207%	0.139%	73.206%	-0.132%
2008	95.967%	0.378%	91.062%	-0.412%	87.594%	-0.355%	87.177%	0.119%	88.327%	0.136%	73.107%	-0.135%
2009	96.300%	0.347%	90.669%	-0.432%	87.275%	-0.364%	87.280%	0.118%	88.446%	0.135%	73.009%	-0.134%
2010	96.606%	0.318%	90.260%	-0.451%	86.949%	-0.374%	87.382%	0.117%	88.564%	0.133%	72.911%	-0.134%
2011	96.887%	0.291%	89.834%	-0.472%	86.617%	-0.382%	87.483%	0.116%	88.680%	0.131%	72.812%	-0.136%

年份	早籼稻		中籼稻		晚籼稻		粳稻		小麦		玉米	
	技术效率	技术效率变化率	技术效率	技术效率变化率	技术效率	技术效率变化率	技术效率	技术效率变化率	技术效率	技术效率变化率	技术效率	技术效率变化率
2012	97.146%	0.267%	89.391%	-0.493%	86.277%	-0.393%	87.584%	0.115%	88.796%	0.131%	72.712%	-0.137%
2013	97.384%	0.245%	88.930%	-0.516%	85.930%	-0.402%	87.684%	0.114%	88.911%	0.130%	72.613%	-0.136%
2014	97.602%	0.224%	88.450%	-0.540%	85.576%	-0.412%	87.783%	0.113%	89.024%	0.127%	72.513%	-0.138%
2015	97.803%	0.206%	87.952%	-0.563%	85.215%	-0.422%	87.882%	0.113%	89.137%	0.127%	72.413%	-0.138%
2016	97.987%	0.188%	87.434%	-0.589%	84.847%	-0.432%	87.979%	0.110%	89.248%	0.125%	72.313%	-0.138%
平均	95.136%	0.432%	91.213%	-0.414%	87.806%	-0.353%	87.062%	0.120%	88.190%	0.137%	73.201%	-0.134%

四、粮食作物广义技术进步率测算分析

如前文所述，本章中广义技术进步率由狭义技术进步率（包括中性技术进步率、偏向性技术进步率）和技术效率变化率两大部分组成。结合表3-3和表3-5通过式（3-9）可计算六种粮食作物的广义技术进步率（表3-6），广义技术进步率最大的是早籼稻，达到1.17%，最低的是中籼稻（−0.77%）。

表3-6　六种粮食作物广义技术进步率测算结果（1998～2016年）

年份	早籼稻	中籼稻	晚籼稻	粳稻	小麦	玉米
1998	0.37%	−0.08%	1.74%	−0.64%	1.88%	0.99%
1999	1.52%	−0.26%	1.28%	−0.39%	1.91%	0.88%
2000	1.50%	−0.28%	1.20%	−0.30%	1.94%	0.90%
2001	1.38%	−0.25%	1.15%	−0.08%	1.68%	0.91%
2002	1.53%	−0.29%	1.19%	0.05%	1.54%	0.93%
2003	1.43%	−0.32%	1.22%	0.15%	1.39%	0.91%
2004	1.95%	−0.47%	1.18%	0.23%	1.19%	0.94%
2005	1.43%	−0.37%	1.06%	0.40%	0.93%	0.97%
2006	1.43%	−0.81%	0.98%	0.64%	0.43%	0.97%
2007	1.50%	−0.73%	1.10%	0.79%	0.87%	0.96%
2008	1.39%	−0.92%	1.16%	1.01%	0.82%	1.00%
2009	1.42%	−1.10%	1.04%	1.19%	0.68%	0.96%
2010	1.30%	−1.19%	1.06%	1.45%	0.52%	0.99%
2011	1.19%	−1.22%	1.04%	1.48%	0.28%	1.01%
2012	1.03%	−1.25%	1.04%	1.68%	0.11%	1.04%
2013	0.87%	−1.28%	1.05%	1.88%	−0.04%	1.02%
2014	0.60%	−1.31%	1.16%	2.04%	−0.26%	1.02%
2015	0.32%	−1.29%	1.18%	2.19%	−0.49%	1.05%
2016	0.00%	−1.23%	1.22%	2.45%	−0.84%	1.05%
年平均	1.17%	−0.77%	1.16%	0.85%	0.76%	0.97%

五、狭义技术进步贡献率与广义技术进步贡献率测算分析

技术进步贡献率测算是用该种粮食的年平均技术进步率比上该粮食的年平均单产增长率计算而得。本章采用粮食作物 1998～2016 年的平均技术进步率和单产增长率来测算技术进步贡献率，符号代表对粮食单产增长率的正向或负向贡献。由于乡村城镇化的进程加快或受整个经济形势的影响，某些年份的粮食作物的单产增长率几乎为 0，进而在测算技术进步贡献率时会出现极大或极小值。如表 3-7 所示，六种粮食作物的平均狭义技术进步贡献率为66.06%，广义技术进步贡献率为 59.50%。

表 3-7　六种粮食作物平均技术进步贡献率测算结果（1998～2016 年）

粮食作物	单产平均增长率	平均狭义技术进步率	平均广义技术进步率	狭义技术进步贡献率	广义技术进步贡献率
早籼稻	1.08%	0.76%	1.17%	70.37%	108.33%
中籼稻	0.86%	−0.38%	−0.77%	−44.19%	−89.53%
晚籼稻	0.79%	1.49%	1.16%	188.61%	146.84%
粳稻	0.91%	0.74%	0.85%	81.32%	93.41%
小麦	2.15%	0.63%	0.76%	29.30%	35.35%
玉米	1.55%	1.10%	0.97%	70.97%	62.58%
平均		0.72%	0.69%	66.06%	59.50%

第五节　结　　论

本章结合超越对数平均生产函数和随机前沿分析模型，运用我国 1998～2016 年早籼稻、中籼稻、晚籼稻、粳稻、小麦和玉米等六种粮食作物的主产省区的面板数据，测度了不同粮食作物的技术进步率、技术效率变化率以及技术进步贡献率。主要研究结论如下。

第一，整体而言，1998～2016 年我国六种粮食作物平均狭义技术进步率

为 0.72%，平均技术效率约为 87%，处于较高的技术水平，但由于技术效率出现递减的趋势，平均广义技术进步率比狭义技术进步率略低，约为 0.69%。测算的狭义技术进步贡献率和广义技术进步贡献率分别为 66.06% 和 59.50%。

第二，就时序演变趋势而言，早籼稻、晚籼稻、小麦和玉米的中性技术进步强于偏向性技术进步。除了粳稻和中籼稻外，其他粮食作物的偏向性技术进步不足。从广义技术进步率来看，粳稻会出现技术进步的趋势，玉米存在微弱上升趋势，早籼稻、中籼稻和小麦出现生产技术退步现象，晚籼稻维持现在进步水平。

第三，从生产省区来看，25 个考察的省区都有技术相对突出的粮食作物生产，但是，辽宁、吉林、内蒙古和甘肃等 4 省区所有主产粮食作物的狭义技术进步率均未达到平均水平。

第四，从技术效率的情况来看，虽然六种粮食作物的技术效率都达到较高水平（平均为 87%），但对比相应作物的狭义技术进步率，早籼稻和小麦的技术效率变化率的提高是由狭义技术进步倒退所引起的。也就是说，当前粮食作物的技术进步的动力不足，没有产生或运用能带动技术前沿面提升的新的农业技术。粳稻的技术进步率和技术效率都处于上升阶段，而玉米是六种粮食作物中技术效率最低的（约为 73.201%）。

第五，从要素产出弹性来看，劳动、化肥、机械和种子的投入中，只有晚籼稻的四种要素投入对产出的弹性全为正值，大部分作物投入产出弹性小于 0.5，说明单纯增加要素的投入对产出的增长作用有限。机械投入的产出弹性最强，平均为 0.306，说明农业机械现代化程度在加强。

参 考 文 献

[1] 陈红, 王会, 王学璞. 我国粮食生产不同功能区粮食生产效率的比较研究[J]. 农业现代化研究, 2018, (2): 219-228.

[2] 史君卿. 我国主要粮食作物技术效率分析[D]. 中国农业科学院博士学位论文, 2010.

[3] 孙昊. 小麦生产技术效率的随机前沿分析——基于超越对数生产函数[J]. 农业技术经济, 2014, (1): 42-48.

[4] 王奇, 王会, 陈海丹. 中国农业绿色全要素生产率变化研究: 1992～2010年[J]. 经济评论, 2012, (5): 24-33.

[5] Gong B. Agricultural reforms and production in China: changes in provincial production function and productivity in 1978-2015[J]. Journal of Development Economics, 2018, 132: 18-31.

[6] 黄金波, 周先波. 中国粮食生产的技术效率与全要素生产率增长: 1978～2008[J]. 南方经济, 2010, (9): 40-52.

[7] 肖红波, 王济民. 新世纪以来我国粮食综合技术效率和全要素生产率分析[J]. 农业技术经济, 2012, (1): 36-46.

[8] 张海波, 刘颖. 我国粮食主产省农业全要素生产率实证分析[J]. 华中农业大学学报(社会科学版), 2011, (5): 35-38.

[9] 焦晋鹏, 宋晓洪. 粮食全要素生产率影响因素的实证分析[J]. 统计与决策, 2015, (11): 126-129.

[10] 卓乐, 曾福生. 农村基础设施对粮食全要素生产率的影响[J]. 农业技术经济, 2018, (11): 92-101.

[11] 亢霞, 刘秀梅. 我国粮食生产的技术效率分析——基于随机前沿分析方法[J]. 中国农村观察, 2005, (4): 25-32.

[12] 唐建, Vila J. 粮食生产技术效率及影响因素研究——来自1990—2013年中国31个省份面板数据[J]. 农业技术经济, 2016, (9): 72-83.

[13] 曾雅婷, 吕亚荣, 王晓睿. 农地流转对粮食生产技术效率影响的多维分析——基于随机前沿生产函数的实证研究[J]. 华中农业大学学报(社会

科学版), 2018, (1): 13-21, 156-157.

[14] 朱丽娟. 不同灌溉方式下种粮大户技术效率及其差异研究——基于非参数共同前沿方法[J]. 节水灌溉, 2018, (1): 78-81, 89.

[15] 赵丽平, 侯德林, 闵锐. 城镇化对农户粮食生产技术效率的影响——以湖南、河南两省 477 个农户为例[J]. 中国农业大学学报, 2018, (4): 148-156.

[16] 江东坡, 朱满德, 伍国勇. 收入性补贴提高了中国小麦生产技术效率吗——基于随机前沿函数和技术效率损失函数的实证[J]. 农业现代化研究, 2017, (1): 15-22.

[17] 朱满德, 李辛一, 徐雪高. 农业 "三项补贴" 政策对我国粳稻技术效率的影响研究——基于 1994—2013 年省级面板数据的实证[J]. 贵州大学学报 (社会科学版), 2017, (4): 85-91.

[18] 万伟勋. 关于技术进步贡献率的另一种算法[J]. 数量经济技术经济研究, 1986, (11): 23-26.

[19] 顾焕章, 王培志. 农业技术进步贡献率测定及其方法研究[J]. 江苏社会科学, 1994, (6): 7-11.

[20] 樊相如, 胡振华, 邓超, 等. 湖南省技术进步贡献率及发展趋势预测研究[J]. 中南工业大学学报, 1998, (3): 102-105.

[21] 苏基才, 蒋和平. 广东农业技术进步贡献率的测定[J]. 南方农村, 1996, (4): 7-10.

[22] 石荣丽, 黄鹏. 云南农业技术进步贡献率测算[J]. 农业现代化研究, 2002, (1): 76-79.

[23] 何宜强. 江西农业技术进步贡献率的测算与分析[J]. 江西财经大学学报, 2004, (6): 45-47.

[24] 袁开智, 赵芝俊, 张社梅. 农业技术进步贡献率测算方法: 回顾与评析[J].

技术经济, 2008, (2): 64-70.

[25] 张社梅, 赵芝俊. 对中国农业技术进步贡献率测算方法的回顾及思考[J]. 中国农学通报, 2008, (2): 498-501.

[26] 刘国民, 崔宁波. 我国大豆技术进步贡献率的测定与分析[J]. 学术交流, 2008, (12): 129-132.

[27] 田云, 李波, 张俊飚. 我国水稻技术进步贡献率的测度[J]. 统计与决策, 2012, (2): 93-95.

[28] 赵芝俊, 袁开智. 中国农业技术进步贡献率测算及分解: 1985～2005[J]. 农业经济问题, 2009, (3): 28-36.

[29] 李首涵. 中国玉米生产技术效率、技术进步与要素替代——基于超对数随机前沿生产函数的分析[J]. 科技与经济, 2015, 28(6): 52-57.

[30] 彭代彦, 文乐. 农村劳动力老龄化、女性化降低了粮食生产效率吗——基于随机前沿的南北方比较分析[J]. 农业技术经济, 2016, (2): 32-44.

[31] 刘颖, 金雅, 王嫚嫚. 不同经营规模下稻农生产技术效率分析——以江汉平原为例[J]. 华中农业大学学报(社会科学版), 2016, (4): 15-21, 127.

[32] 胡祎, 张正河. 农机服务对小麦生产技术效率有影响吗?[J] 中国农村经济, 2018, (5): 68-83.

[33] Battese G E, Coelli T J. A model for technical inefficiency effects in a stochastic frontier production function for panel data[J]. Empirical Economics, 1995, 20: 325-332.

[34] 龚斌磊. 投入要素与生产率对中国农业增长的贡献研究[J]. 农业技术经济, 2018, (6): 4-18.

第四章　新时代保障粮食安全的科技政策体系

本章从政策定义、分类、目标及执行要点等方面分析界定新时代保障粮食安全的科技政策内涵，界定新时代我国保障粮食安全的科技政策目标、实施主体与实施对象等核心要素，并构建保障我国粮食安全的科技政策体系框架和核心政策工具。

第一节　保障粮食安全的科技政策内涵

一、粮食科技政策的定义与分类

粮食科技政策是国家为实现一定历史时期的粮食科技任务而规定的基本行为准则，是确定粮食科技事业发展方向，指导整个粮食科技事业的战略和策略原则。

按粮食生产、加工、物流及储存的投入产出分阶段进行粮食科技政策分类（图 4-1），根据不同阶段的技术特点与需求制定对应的科技政策。按照科

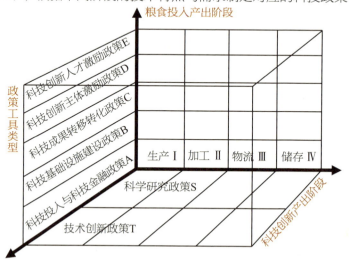

图 4-1　粮食科技政策分类

技创新产出阶段进行分类，一般包括科学研究政策和技术创新政策。按照政策工具类型，可分为科技投入与科技金融政策、科技基础设施建设政策、科技创新主体激励政策、科技创新人才激励政策、科技成果转移转化政策。

二、政策取向与要点

粮食安全的内涵：粮食安全最早由 FAO 于 1974 年提出。FAO 将粮食安全定义为人类的一种基本生活权利，即"应该保证任何人在任何时候都能够得到维持生存和健康所必需的足够食品"。1983 年，FAO 进一步修改了粮食安全的定义，为"确保所有的人在任何时候既能买得到又能买得起所需要的基本食品"。FAO 的定义主要涉及粮食的供给保障问题，经过一个较长时间的演变，其内涵不断丰富与扩展，逐步从粮食供给的数量保障、质量保障延伸到粮食行业的绿色可持续发展。2013 年我国确立了"立足国内、以我为主、确保产能、适度进口、科技支撑"的国家粮食安全新战略，目标是要实现"谷物基本自给，口粮绝对安全"。

根据粮食安全的内涵及目标，基于科学性、可行性等原则，本章将粮食安全评价指标体系确定为包括粮食数量安全、粮食质量安全、粮食生态安全和粮食资源安全四个方面。主要架构如表 4-1 所示。

表 4-1　粮食安全评价指标体系

一级指标	二级指标	三级指标
粮食安全	粮食数量安全	粮食总产量
		粮食人均占有量
		粮食（口粮）自给率，即粮食产量占当年消费量的比重
	粮食质量安全	单位粮食耕种面积农药使用量
	粮食生态安全	单位粮食耕种面积化肥使用量与结构
		单位粮食耕种面积农用塑料薄膜使用量
	粮食资源安全	单位粮食产量农业用水量
		单位粮食产量使用耕地面积

一级指标为粮食安全评价的目标层，是衡量粮食安全水平的综合指标，用 0 到 100 之间数值表示。数值越大，越接近 100，则说明粮食安全的综合水平越高。该数值由二级指标计算而得。

二级指标为粮食数量安全、粮食质量安全、粮食生态安全和粮食资源安全四个中间层指标，表示粮食安全在不同方面的表现，用 0 到 100 之间数值表示。数值越接近 100，说明安全水平越高。这四个指标由三级指标计算而得。

三级指标由八个指标组成，分别测度四个二级指标。在粮食安全评价实践过程中，可结合各项指标的可测性、可比性及数据可获性等特点，进一步筛选或细化三级指标体系，以更为科学地评估国家或地区粮食安全水平。

粮食科技政策的目标： 粮食科技政策要以不断增强保障我国粮食安全科技支撑力为核心目标，聚焦粮食安全评价指标体系，促进适量生产、最小浪费、绿色存储、高效加工，促进科技创新成果转移转化，全面保障国家粮食安全。

具体来说，需要建成一批国家重大粮食科技基础设施（**创新载体**）；产出一批粮食产业核心技术（**创新成果**）；聚集一批具有国际水平的科学家和研发团队（**创新人才**）；拥有一批世界知名的粮食科研机构、高等院校和骨干企业（**创新主体**）。

第二节　保障粮食安全的科技政策体系

一、政策体系框架

根据粮食科技政策分类，搭建涵盖多元化的科技投入与科技金融政策、科技基础设施建设政策、科技成果转移转化政策、科技创新人才激励政策、科技创新主体激励政策等部分的粮食科技政策体系。其中，科技投入与科技金融政策包括财政支持、企业投入、社会投入等；科技基础设施建设政策包括基地建设、科技服务平台建设等；科技成果转移转化政策包括转移转化政策、金融政策、产业政策、科普推广政策等；科技创新人才激励政策包括人才培养、税收激励等；科技创新主体激励政策包括税收激励等。具体如图4-2所示。

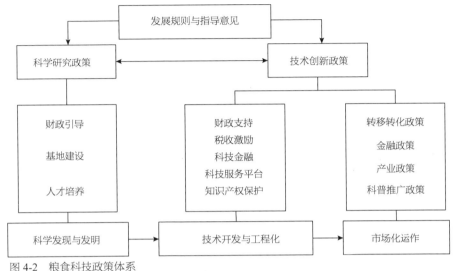

图4-2 粮食科技政策体系

基于构建的粮食科技政策体系,本章收集了2011年至2018年国家和部门出台的主要粮食科技政策文件，并运用三维分类框架对政策文件文本进行分类编码，编码信息可用于政策分析与效果的定量评估。初步拟定编码规则如下。

粮食投入产出阶段：生产阶段Ⅰ；加工阶段Ⅱ；物流阶段Ⅲ；储存阶段Ⅳ。

政策工具类型：科技投入与科技金融政策A；科技基础设施建设政策B；科技成果转移转化政策C；科技创新主体激励政策D；科技创新人才激励政策E。

科技创新产出阶段：科学研究政策S；技术创新政策T。

例如，政策文本被编码为TB-Ⅱ，即指粮食加工阶段技术创新环节的科技基础设施建设政策。

表4-2为2011～2018年粮食科技政策分类汇总表。

表4-2　2011～2018年粮食科技政策分类汇总表

政策类型	科学研究政策 S	技术创新政策 T
科技投入与科技金融政策 A	STA-I-IV《粮食行业科技创新发展"十三五"规划》(2016年12月):完善粮食重大、关键问题相关科技研发活动进行支持。固定资产加速折旧、加计扣除、普惠性税收政策等，财政资金管理机制，提高资金使用效率。积极创新科研投入形式。 STA-I-IV《粮油加工业"十三五"发展规划》(2016年12月):企业开发新技术、新产品、新工艺发生的研究开发费用，符合税法规定条件的，可以在计算应纳税所得额时按规定加计扣除。加大信贷支持，引导金融信贷、风险投资等注入农业科技创新领域 STA-I-IV《关于全面深化农村改革加快推进农业现代化的若干意见》(2014年1月):将农业作为财政科技投入优先领域，引导金融信贷、风险投资等注入农业科技创新领域	TB-II《粮食行业科技创新发展"十三五"规划》(2016年12月):通过国家科技创新投入，发挥政府资金杠杆作用。落实税收政策。加强财政资金绩效考评，创新财政投资金融创新基金，探索建立粮食科技创新基金 TB-I-IV《粮油加工业"十三五"发展规划》(2016年12月):企业开发新技术、新产品、新工艺发生的研究开发费用，加大信贷支持，新的金融产品和服务 TB-I-IV《关于全面深化农村改革加快推进农业现代化的若干意见》(2014年1月):将农业作为财政科技投入优先领域
科技基础设施建设政策 B	SB-I-IV《粮食行业科技创新发展"十三五"规划》(2016年12月):建设在国内具有影响力的粮食研究基地（平台） SB-II-IV《粮食行业"十三五"发展规划纲要》(2016年10月):加快建设高水平、有特色、国内一流的现代粮食研究院所。支持地方粮食科研院所及企业科研部门设立粮食行业科研基础。无分利用社会科技资源，吸引更多的涉粮院校、研究机构参与粮食科技创新。加强粮食产后，粮食质量安全、产业经济发展。节粮减损等领域等科研基地建设 SB-II-IV《国家粮食局关于现代粮食研究院所的指导意见》(2016年7月):加快建设高水平，有特色的现代科研院所。积极构建粮食科技协同创新平台，加快建设粮食产后领域国家工程实验室及重点实验室 SB-I-IV《国家粮食局关于深化粮食科技体制机制改革和加快创新体系建设的指导意见》(2015年4月):深化粮食科研院所研究改革。促进产学研用深度融合	TB-II《粮油加工业"十三五"发展规划》(2016年12月):推动信息化和工业化深度融合，推进粮油加工制造向智能化发展。鼓励企业加建设数据中心，加快应用大数据、云计算和物联网技术，实现产品全生命周期绿色管理、精细生产和精准营销 TB-I-IV《国家粮食局关于深化粮食科技体制机制改革和加快创新体系建设的指导意见》(2015年4月):促进粮食科技创新平台向企业特别是中小企业开放，加大科研基础设施、大型科研仪器和专利资源向全社会公众开放力度 TB-I-IV《粮食行业科技创新发展"十三五"规划》(2016年12月):加强在粮食质量安全保障技术、绿色生态储粮技术、粮食现代物流技术、粮食深加工转化技术、粮食加工装备技术、口粮营养健康技术、粮情监测预警技术、粮食安全战略等八个方面的技术研发

政策类型	科学研究政策 S	技术创新政策 T
		TC-I-IV《国务院办公厅关于加快推进农业供给侧结构性改革大力发展粮食产业经济的意见》（2017年9月）：加快推动粮食科技创新突破，加快科技成果转化应用。促进粮油机械制造自主创新
		TC-I-IV《粮油加工业"十三五"发展规划》（2016年12月）：开展全国粮食科技成果转化对接推介活动，搭建科技成果及科技人才对对接信息服务平台。鼓励科研院所通过市场化定价方式转化科技成果，支持粮食科研院所科技人员依规到企业兼职。加快建立粮油加工科技成果集成示范基地
		TC-I-IV《关于全面深化农村改革加快推进现代化的若干意见》（2014年1月）：明晰和保护财政资助科研成果产权，创新成果转化机制，发展农业科技成果托管中心和交易市场
科技成果转移转化政策 C	SD-I-IV《国家粮食局关于粮食产业科技创新联盟建设的指导意见》（2018年1月）：积极引导粮食产业科技创新联盟建设	
	SD-I-IV《关于全面深化农村改革加快推进农业现代化的若干意见》（2014年1月）：采取多种方式，引导和支持科研机构与企业联合研发。加大农业科技创新平台支持力度，推动发展国家农业科技园区协同创新战略联盟，支持现代农业产业技术体系建设	
科技创新主体激励政策 D		TD-II-IV《粮食行业科技创新发展"十三五"规划》（2016年12月）：集聚优势科研团队，加强原创性突破，注重多学科交叉融合与系统集成，推动粮食产业和产品向价值链中高端跃升；加快培育和认定50个创新型示范企业，创建一批产业科技创新中心，鼓励企业与有关院校、科研院所加强合作，支持大型粮食企业与有关单位联合组建粮食产业技术创新战略联盟
		TD-I-IV《国家粮食局关于加快推进粮食行业供给侧结构性改革的指导意见》（2016年7月）：加快培育和认定一批科技创新型示范企业，支持大型粮食企业与有关单位联合组建粮食产业技术创新战略联盟

续表

政策类型	科学研究政策 S	技术创新政策 T
科技人才激励政策 E	STE-I-IV《国务院办公厅关于加快推进农业供给侧结构性改革大力发展粮食产业经济的意见》（2017年9月）：实施"人才兴粮工程"，深化人才发展体制改革，激发人才创新创造活力。领域专家，职业教育 STE-I-IV《粮食行业科技创新发展"十三五"规划》（2016年12月）：加强粮食科技人才队伍建设。加快培育高层次科技创新领军人才。激发科研人员创新活力 STE-I-IV《国家粮食局关于加快推进粮食行业供给侧结构性改革的指导意见》（2016年7月）：加快建立"粮食产业科技专家库"，培育和集聚一批粮食科研创新团队。全面落定人才兴粮战略，合理确定人才培养结构层次，建立产学研用融合发展的技术技能人才培养模式。积极培育国家级高层次领军人才，加快建立粮食行业"首席科学家（研究员）"制度，大力培养粮食行业中青年领军人才和团队。采取与粮食行业高等院校联合办学、委托培养、在职进修等方式，加快培养基层一线紧缺急需的专业技术人才和实用型人才。实施开放的人才引进机制，加大重点领域人才引进力度 STE-I-IV《国家粮食局关于深化粮食科技体制改革和加快创新体系建设的指导意见》（2015年4月）：优化科研环境。加快健全高层次创新人才培养机制。壮大粮食科技创新队伍 STE-I-IV《关于全面深化农村改革加快推进农业现代化的若干意见》（2014年1月）：推行科技特派员制度，发挥高校在农业科研和农技推广中的作用	

二、核心政策要点

（一）科技投入与科技金融政策要点

政府投入：国家科技计划、地方科技计划。

企业投入：制定、出台普惠性的农业科技研发补贴政策，激励农业企业加大研发投入。

资本投入：设立粮食科技创新基金，引导社会资本进入粮食科技创新领域。探索设立企业债券风险缓释基金，为中小微科技型农业企业公开发行债务融资工具提供信用增级服务。

引导全社会加大粮食科技创新投入，形成政府、企业、社会相结合的多元化、多渠道、高效率的粮食科技投入长效机制。

（二）科技基础设施建设政策要点

战略功能区：建设粮食科技城、国家自主创新示范区。

重大科技设施：建设国家粮食技术创新中心；布局国家重大粮食科技基础设施。

各级研发平台：为粮食科技领域新批准组建的国家级、省级和市级重点实验室、工程/技术研究中心、企业技术中心等机构提供经费支持。

企业孵化平台：对新认定或备案的国家级、省级、市级粮食科技企业孵化器给以经费支持。

科技创新联盟：立足粮食产业发展实际需求，遵循市场经济规律，探索包括科技创新联盟在内的多种长效稳定的产学研合作机制。

农业产业化组织：为粮食种植合作社、家庭农场等新型组织提供技术、资金和管理培训支持。

（三）科技创新主体激励政策要点

强基工程：建立粮食科技型中小微企业备案制度；给予经认定的科技创新小巨人企业、高新技术企业科技研发经费补贴。

科技保险与科技创新券：对粮食企业科技保险补贴险种予以保费补贴，对用于购买或提供科技创新服务予以补贴。

税收减免：落实高新技术粮食企业税收优惠、粮食企业研发投入加计扣除和技术先进型服务企业所得税优惠等政策。

融资帮扶：设立中小微粮食企业信贷风险补偿基金，成立政策性担保公司，综合运用风险补偿、贷款贴息、基金、融资性担保等多元化的方式，对中小微企业提供融资支持。

资金周转：设立转贷周转应急资金，支持中小微粮食企业贷款到期续贷时短期周转使用。

（四）科技成果转移转化政策要点

实行收益激励：推动粮食科技成果的使用权、处置权与收益权改革；保障粮食科技成果转化收益中科技人员的奖励部分，明确这部分奖励不受当年单位工资总额限制，不纳入工资总额基数；鼓励国有企业、转制科研院所与科技服务机构实施股权和分红权激励。

畅通信息渠道：开展粮食科技成果登记；发布粮食科技需求与成果包；发布粮食产业关键技术路线图。

打造转化平台：依托各类研发平台，打造粮食科技成果中试熟化平台，纳入创新券支持范围；发展粮食技术转移机构，对其促成的粮食科技成果转化项目给予奖励，对新认定的国家级技术转移示范机构给予支持。

建设技术交易市场：鼓励各类粮食科技服务机构入驻交易市场或设立服

务窗口，给予房屋租金减免。对进入技术交易市场挂牌交易所产生的费用予以补贴。

（五）科技创新人才激励政策要点

人才引进：鼓励科研机构设立特聘岗位，专用于引进高层次的粮食科技人才，允许国有企事业单位设立流动岗位，吸引高层次的粮食科技人才兼职。建立高层次粮食科技人才分类评价体系，分层次对高层次粮食科技人才实施阶梯性支持。

创新创业支持：实施粮食科技特派员制度，给予粮食科技特派员和派驻单位经费支持；对高层次粮食科技人才的创业创新项目优先予以融资性担保、信贷风险补偿等支持，放宽青年人才创业小额担保贷款额度。

第五章 我国粮食科技政策体系评估

第一节 中长期科技发展规划期间我国粮食科技政策演化与启示——政策文本计量的视角

一、研究背景

"科技兴粮"是贯彻新发展理念，落实国家粮食安全战略、创新驱动发展战略、乡村振兴战略，促进粮食科技与经济融通发展、建设现代化粮食经济体系的系统性工程。对于深化农业供给侧结构性改革，大力发展粮食产业经济，从更高层次上维护国家粮食安全具有十分重要的意义。《国家中长期科学和技术发展规划纲要（2006～2020年）》［下文中简称"中长期科技规划"（2006～2020年）］指出，要"大力提高农业科技水平，加大先进适用技术推广力度，突破资源约束，持续提高农业综合生产能力，加快建设现代农业的步伐"。在2019年发布的《中共中央国务院关于坚持农业农村优先发展做好"三农"工作的若干意见》（下文称2019年中央一号文件）指出，加快突破农业关键核心技术。强化创新驱动发展，实施农业关键核心技术攻关行动，培育一批农业战略科技创新力量，推动生物种业、重型农机、智慧农业、绿色投入品等领域自主创新。

当前针对我国粮食科技政策的研究较为匮乏，本章从"中长期科技规划"（2006～2020年）颁布以来我国粮食科技相关政策文件入手，采取量化分析方法，横向对比不同类型政策使用量①，总结政策侧重点，分析其中较为突出的政策类型中粮食技术领域的涉及情况；纵向分析总结粮食科技政策的时间演化趋势特征。

二、研究设计

（一）政策类型

本章研究的粮食科技政策涵盖粮食从育种到生产、收获、储藏与加工等各个阶段的科技支持政策。由于我国行政体制对农业和粮食的分段管理，本章研究的粮食科技及粮食科技政策区别于农业科技与农业科技政策。为便于进行政策分析，本章根据粮食科技政策定义与用途将其分为七类：平台型、人才型、体系型、转移型、研究型、环境型与金融型。

平台型政策指粮食科技创新平台建设相关政策措施，包括建设实验室、研究中心以及其他类别粮食科研机构、平台；人才型政策指对于粮食科技人才的培养政策措施，包括对于粮食科技相关从业人员、科学家、企业家等的培养和激励；体系型政策指粮食科技体系构建相关政策措施，包括产学研联盟的构建、多方合作体系促成等；转移型政策指粮食科技成果与技术转移相关政策，包括促成粮食科技成果推广、扩散、应用、产业化等政策；研究型政策指粮食科技具体技术研究相关政策，包括推动各类技术的研发与创新政策；环境型政策指为粮食科技发展构建良好外部环境的相关政策措施，包括构建良好的竞争环境、刺激市场需求、对粮食科技发展的各类补贴与支持等；金融型政策指国家对于粮食科技发展相关金融调控政策措施，包括融资、借

---

① 本章中所指的使用量是在数据处理过程中，根据政策分类关键词在政策文件中进行文本检索，政策文件中出现政策分类中某一项关键词，则该文件便属于该类政策，则该类型政策使用次数或使用量记为1。

贷、基金等措施手段。

（二）分析方法与检索策略

1. 分析方法

本章主要政策分析方法为政策文献量化，主要是将文本分析法、统计学、文献计量学等多学科方法引入，对政策文献内容与外部要素进行量化分析，用以揭示政策主体的历史演变、政策工具的选择及政策相关主体合作等问题[1]。政策文献量化研究不仅适用于单个或较少政策文本的研究，对某一领域的大样本量政策文本也比较实用[2]。通过政策文献量化研究获得的结论比较客观，有利于了解政策目标、把握政策效果，还可以了解政策演进历史规律和未来发展趋势[3]。有较多的学者运用文献量化分析方法，结合特定政策主题，展开丰富的研究，主要从政策的外部属性分析政策发文时间、发文单位，从政策文本内容分析政策工具运用[4, 5]。本章根据以往的经验研究，从发文时间与发文类别两个方面入手对我国的粮食科技政策进行量化分析。

2. 检索策略

本章分析政策文件根据不同类型粮食科技政策入手，因此需要针对不同的政策类型总结不同的关键词，根据这些关键词在政策文件中进行文本检索，政策文件中出现分类政策下某一项关键词，则该文件便属于该类政策；需要强调的是，可能存在在一份政策文件中同时检索出属于多类政策的关键词及政策类型交叉的现象，这一情况下，该政策被同时归类为多类型政策，在数据统计时会在所属的不同类型政策中均有统计。根据这一策略，本章将政策归为上述七类，并总结不同类型政策检索关键词①。

（三）文件来源及介绍

本章政策文件主要来源于北大法宝数据库网站，采用"粮食科技"为主题词进行搜索，经过筛选和整理，最终获得 55 件政策文件，其中中央层面文件 22 件，14 个省区市文件 33 件，覆盖地区包括：上海、重庆、云南、宁夏、安徽、山西、新疆、江苏、河南、湖南、福建、贵州、陕西以及黑龙江。政策文件样本区间为 2006～2018 年，涵盖科技部颁布"中长期科技规划"（2006～2020 年）至 2018 年的所有中央②与地方③政策文件。

三、政策分析

（一）横向比较分析

根据文本分析，总体文件样本观察期为 2006～2018 年，七类政策发文量④共 55 件，检索结果如表 5-1 所示。其中，环境型政策使用量 44 件次，金融型政策使用量 6 件次，平台型政策使用量 28 件次，人才型政策使用量 19 件次，体系型政策使用量 17 件次，研究型政策使用量 31 件次，转移型政策

---

① 平台型政策：平台、实验室、研究中心、研究所。人才型政策：企业家、人才、科学家、工作站、流动站、高校、科研院所、博士后、队伍。体系型政策：科技体系建设、产学研、联盟、合作、体系。转移型政策：推广、转移、扩散、流动、共享、应用、成果、许可、专利、交易。研究型政策：研究、研发、创新、技术。环境型政策：需求、竞争、产权、公共服务、设施、法律、法规、文化、财政。金融型政策：融资、金融、借贷、资金、贷款、基金、贴息、担保、风险投资、债券、保险。

② 中央文件指的是在北大法宝网站中检索文件中的中央法规司法解释文件，发文单位包括了国务院与其他中央政府机构。

③ 地方文件指的是在北大法宝网站中检索文件中的地方法规规章，包括了地方规范性文件和地方工作文件，发文单位主要为各省区市相关单位。

④ 区别于使用量，此处所用的发文量具体指粮食科技政策文件在北大法宝网站检索搜集时实际的文件数量，而非使用次数。

使用量 33 件次。各类型政策占比最高的是环境型政策，达到 25%，占比最低的是金融型政策，仅有 3%，总体特征与地方政策文件相似，我国在 2006 年至 2018 年期间最为重视的依然是营造良好的粮食科技发展环境。当然，除了金融政策之外，其余几项政策占比均达到 10% 左右，甚至更高，但是体系型政策与人才型政策依然相对不足，金融型政策是较大短板，我国粮食科技领域金融型政策占比偏低。

表 5-1　总体文件使用量分类对比描述　　　　单位：件次

类别	2006年	2007年	2008年	2009年	2010年	2011年	2012年	2013年	2014年	2015年	2016年	2017年	2018年	合计
环境	3	1	2	4	2	2	3	3	6	5	5	5	3	44
金融	1	0	0	1	0	0	1	1	0	0	1	0	1	6
平台	1	1	1	1	1	1	3	1	2	4	5	5	2	28
人才	1	0	1	1	0	1	2	1	1	4	3	1	3	19
体系	1	3	0	0	1	0	2	0	0	3	4	1	2	17
研究	2	3	0	3	1	1	2	2	3	6	3	3	2	31
转移	1	3	0	1	1	1	3	3	1	5	6	5	3	33

1. 中央政策分类对比

中央政策文件样本观察期为 2006～2018 年，七类政策发文量为 22 件。检索结果如表 5-2 所示，环境型政策使用量 19 件次，金融型政策使用量 4 件次，平台型政策使用量 21 件次，人才型政策使用量 13 件次，体系型政策使用量 11 件次，研究型政策使用量 13 件次，转移型政策使用量 19 件次。各类型政策中使用量占比最高的是平台型政策，达到 21%；占比最低的是金融型政策，仅有 4%。在中央层面，平台型政策是最受重视的，中央在这一样本观察期内更侧重于实验室、研究中心等粮食科技平台建设。除此之外，占比较高的政策分别是环境型政策、转移型政策，中央在构建良好的粮食科技发展环境以及促进粮食科技成果转移方面依然保持着足够的重视；同时，研究、人才与体系这三类政策也超过 10%，而金融型政策受重视程度不够，从数量上即可反映出来。

表 5-2 中央文件使用量分类对比描述 单位：件次

类别	2006年	2007年	2008年	2009年	2010年	2011年	2012年	2013年	2014年	2015年	2016年	2017年	2018年	合计
环境	1	1	1	1	0	1	3	1	1	3	2	2	2	19
金融	1	0	0	0	0	0	1	0	0	0	1	0	1	4
平台	1	1	0	1	1	1	3	1	1	4	3	2	2	21
人才	1	0	0	0	0	0	2	1	1	3	3	0	2	13
体系	1	1	0	0	0	0	2	0	0	3	2	0	2	11
研究	1	1	0	0	0	1	2	0	0	4	1	0	2	13
转移	1	1	0	0	0	1	3	1	1	4	3	2	2	19

在中央层面，依然较为倾向于制定平台型政策，构建技术创新平台，这是因为技术创新平台是粮食科技发展的基石与摇篮，2019 年中央一号文件中针对粮食科技平台建设做出了强调，这也反映出了中央当前对于平台型政策的重视，在平台型政策中，有 9 件次涉及粮食储藏技术，有 17 件次涉及粮食加工技术，对于育种、种植以及收割领域科技并未涉及。

2. 地方政策分类对比

根据文本分析，地方文件样本观察期为 2006～2018 年，七类政策发文量为 33 件，检索结果如表 5-3 所示，环境型政策使用量 25 件次，金融型政策使用量 2 件次，平台型政策使用量 7 件次，人才型政策使用量 6 件次，体系型政策使用量 6 件次，研究型政策使用量 18 件次，转移型政策使用量 14 件次。各类型政策使用量占比最高的是环境型政策，达到 32%；占比最低的是金融型政策，仅有 3%。地方政府着重营造粮食科技发展的健康环境，促进相应市场环境的进一步发展。除此之外，占比相对较高的是研究型政策与转移型政策；但是，体系、人才、平台与金融型政策占比均较低，未达到 10%，其中金融型政策依旧占比最低，说明粮食科技体系建设、粮食科技人才培养与粮食科技平台打造这三方面在地方层面同样推行不足，金融政策无论是在中央还是地方都未受到足够重视。

表 5-3　地方文件使用量分类对比描述　　　　单位：件次

类别	2006年	2007年	2008年	2009年	2010年	2011年	2012年	2013年	2014年	2015年	2016年	2017年	2018年	合计
环境	2	0	1	3	2	1	0	2	5	2	3	3	1	25
金融	0	0	0	1	0	0	0	1	0	0	0	0	0	2
平台	0	0	1	0	0	0	0	0	1	0	2	3	0	7
人才	0	0	1	1	0	1	0	0	0	1	0	1	1	6
体系	0	2	0	0	1	0	0	0	0	0	2	1	0	6
研究	1	2	0	2	1	0	0	2	3	2	2	3	0	18
转移	0	2	0	1	1	0	0	2	0	1	3	3	1	14

地方政府的政策重心放在环境方面。地方政策最为侧重的环境型政策中，粮食储藏技术相关政策涉及 11 件次，粮食加工技术相关政策涉及 13 件次。

总体而言，我国粮食科技政策最为侧重的是环境的营造，综合中央与地方层面环境型政策下各技术领域的统计结果，在全国层面粮食储藏技术领域涉及 20 件次，粮食加工技术领域涉及 30 件次。另外，可以看到转移型政策、研究型政策与平台型政策也占有一定比例，我国粮食科技政策发展逐渐呈现多样化趋势。

（二）纵向演化分析

如图 5-1 所示，总体政策层面，粮食科技各类政策使用量并非均呈稳定上升趋势，部分政策出现一定程度的波动，且波动趋势呈锯齿状，根据趋势可得出 2012 年为分界点。从各政策类别来看，从 2006 年开始到 2011 年，各类政策处于波动趋势，但是整体水平不高，这主要是因为在中央层面，政策颁布量较少，相应地，地方落实性文件也发布较少，在 2012 年所有类型地方政策使用量均为 0。金融型与平台型政策仅分别在 2009 年与 2008 年发布相关文件，在这一阶段金融与平台型粮食科技政策并未受到足够重视；在 2012 年之后，各类政策使用量出现较大波动，能看出这一期间粮食科技逐渐受到重视。而且从图 5-2 可以看出，环境型、研究型、转移型及平台型政策在这一区间较为活跃，这与中央的侧重点颇为相似，2012 年以后中央加大营造健康的粮食科技环境的力度。

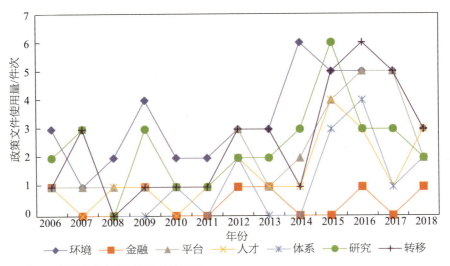

图 5-1　总体政策文件时间趋势折线图

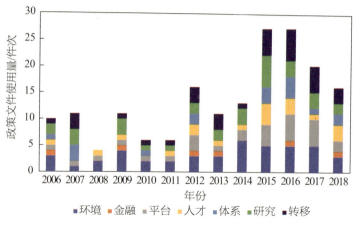

图 5-2　总体政策文件时间趋势柱状图

1. 中央政策演化

如图 5-3 所示，在中央政策层面，各类政策使用量并未呈稳定上升趋势，均出现一定程度的波动，从各政策类别来看，从 2006 年开始到 2011 年，各类政策使用量处于较低水平且部分政策并未有实际相关文件颁布，2006 年国家颁布《国家中长期科学和技术发展规划纲要（2006～2020 年）》，国家粮食局发布《国家粮食局关于"十一五"粮食科技发展的指导意见》，故所有类型政策在这一年均有涉及，但是在这一期间，仅有平台型政策保持每年均有相关政策文件颁布，但使用量较低，仅仅只有 1 件次，人才型政策与金融型政策仅在 2006 年颁布相关文件，在 2007 年至 2011 年政策使用量均为 0，一方面，在这一期间粮食科技政策并未受到足够重视，另一方面，政策的时滞效应导致中央可能并不倾向于频繁更新相关政策；在 2011 年之后，各类政策使用量出现较大波动，主要呈现为锯齿状波动，即在逐步增加使用量达到峰值后逐渐减少使用，虽然波动较大，但能看出这一期间粮食科技逐渐受到重视。

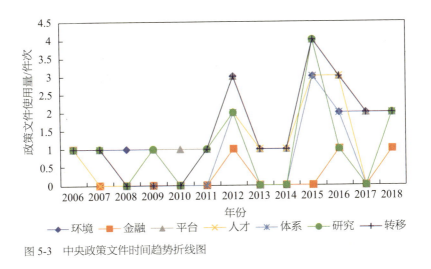

图 5-3　中央政策文件时间趋势折线图

　　上文中所提及，中央层面对于平台型政策较为侧重，同时对环境型政策也颇为重视。如图 5-4 所示，具体到各个年份，平台型、环境型、人才型及转移型政策在观察期内较为活跃，2011 年以后中央加大营造健康的粮食科技环境的力度，同时，更为注重粮食科技相关人才培养，突出科技创新平台的建设，近年来中央对于科技发展愈发重视，粮食科技作为重要领域其地位得到提升，2011 年以后中央政策使用量逐渐呈现多元化趋势明显，说明多项措施并举逐渐成为中央政策制定的主要方向。观察总体的趋势，2006 年、2012 年、2016 年、2018 年各种类型政策的使用均有涉及，这四个年份正是国家粮食科技"五年规划"出台的重要时间节点，但在这些年份之间政策使用类型数量相对减少，这在一定程度上反映出中央在实行较为重要的规划型政策后，更低一级配套政策并未一并颁布，虽然中央文件主要起到引导作用，但使用量中等或偏低，从侧面反映出当前我国粮食科技政策在部分配套政策方面依然存在颁布滞后现象。

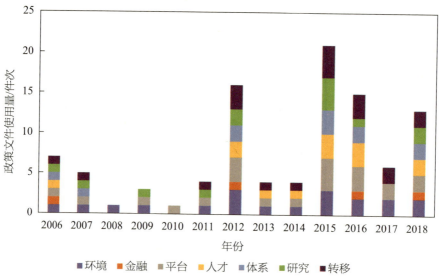

图 5-4　中央政策文件时间趋势柱状图

2. 地方政策演化

如图 5-5 所示，在地方政策层面，总体来看各类政策使用量并未呈稳定上升趋势，均出现一定程度的波动，且波动趋势呈锯齿状，根据趋势不难发现 2012 年这一分界点。从各政策类别来看，从 2006 年开始到 2011 年，各类政策处于波动趋势，但是整体水平不高，这主要由于在中央政策层面，政策颁布量较少，导致地方在执行中央文件进一步颁布政策文件时受到影响，在 2012 年所有类型地方政策使用量均为 0，因为在 2012 年《粮食科技"十二五"发展规划》颁布，地方政策需要根据该规划调整相关政策。从 2006 年开始到 2011 年，环境型政策保持稳定的使用量，这说明一直以来地方侧重于对良好的粮食科技发展环境的构建，金融型与平台型政策仅分别在 2009 年与 2008 年发布相关文件，在其余时期使用量均为 0，而且《国家中长期科学和技术发展规划纲要（2006～2020 年）》以及《国家粮食局关于"十一五"粮食科技发展的指导意见》均于 2006 年颁布实行，但是 2006 年地方政策并未出现各类政策均有涉猎的现象，反而后期逐渐增多，这进一步说明中央文件在下达之后，地方政府制定相关政策需要一定的时间缓冲。

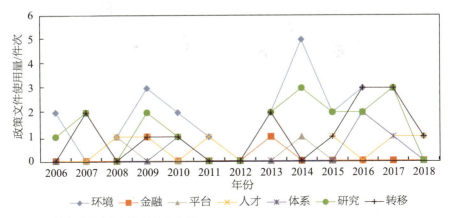

图 5-5　地方政策文件时间趋势折线图

　　具体分析地方层面政策类型特征，在 2006 年至 2012 年，这一阶段金融与平台型粮食科技政策并未受到足够重视；在 2012 年之后，各类政策使用量出现较大波动，这一期间粮食科技逐渐受到重视。如图 5-6 所示，环境型、研究型及转移型政策在这一区间较为活跃，这与中央的侧重点颇为相似，2012年以后中央加大营造健康的粮食科技环境的力度，同时，更为注重粮食科技创新发展，突出科技创新平台的建设。总体看来，在 2006 年至 2018 年，环境型、研究型及转移型政策使用较为活跃，对于地方而言，粮食技术研发、粮食技术成果转移以及粮食科技发展环境的相关调节在历年都是政策重心，且地方政策与中央政策在部分特征上不符，这说明地方对于中央文件落实强度仍属欠缺，对于部分类型粮食科技政策重视不够，尤其是体系型、人才型以及金融型政策，当前粮食科技发展逐步需要依靠高素质人才作为基石，进一步构建多元化科技创新体系，也如前文中提到粮食科技发展中遇到金融问题急需相应政策进行把控，这些都要求地方政策紧紧围绕中央政策进行落实。

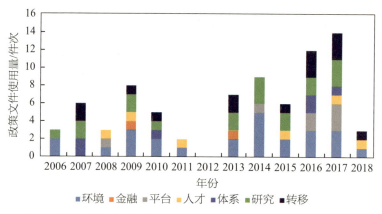

图 5-6　地方政策文件时间趋势柱状图

四、结论与建议

（一）结论

本章通过对"中长期科技规划"（2006～2020 年）颁布以后我国粮食科技政策进行量化分析，探讨我国粮食科技的总体侧重点以及不同时期的侧重点，主要结论有以下几点。

第一，总体上来看，地方政策侧重点与中央政策存在一定差异。中央政策在构建良好的粮食科技发展环境以及促进粮食科技成果转移方面保持着足够的重视。地方政策主要重心在环境型、研究型与转移型政策。粮食科技金融类政策使用量在中央与地方层面均偏低。第二，从我国粮食科技政策总体时间演化趋势来看，地方政策使用量波动明显滞后于中央政策，这是由于地方性文件的出台一般以中央文件为指导，大部分是贯彻中央政策的具体做法。第三，从样本期内不同类型政策的时间演化趋势来看，在 2006 年至 2011 年，中央与地方层面各类政策使用量均较低，2011 年之后，中央层面环境型、平台型及转移型政策较为活跃，地方层面环境型、研究型及转移型政策较为活跃。第四，我国粮食科技政策主要关注于粮食的储藏与加工技术，且加工技术相关政策使用量明显高于储藏技术。

（二）建议

第一，进一步重视粮食科技政策的引领示范作用，加快补齐短板政策，避免我国粮食科技发展出现结构性失衡，保证粮食科技健康发展。鼓励地方政府因地制宜制定粮食科技政策。

第二，加强对粮食科技金融型、人才型等类型政策的研究，逐步形成规范的粮食科技金融支持政策，不断发展多元化投入。完善粮食科技创新人才培养体系，健全相关人才教育的学科体系，努力营造科技兴粮和人才兴粮的良好氛围。

第三，在不断营造良好的粮食科技发展环境过程中，需要持续关注对"四唯"（唯论文，唯职称，唯学历，唯奖项）问题的控制与避免；对于平台型政策，需要做到加大重大科技平台建设与支持力度，并在政策中侧重重大科技计划的立项与支持，保证粮食科技中重要战略技术的进一步发展。

第四，加强粮食科技创新链的协同管理，面向整个粮食产业科技创新链——育种、种植、收割、储藏、加工——整合粮食科技创新资源，并且针对整个粮食科技创新链建立科技创新相关部门的会商机制。

第二节　我国粮食科技政策实施典型案例
——以中发一号文件为例

一、引言

从 2004 年到 2019 年，中共中央、国务院连续 16 年都是以中发一号文件来安排部署农业、农村、农民工资，彰显了党和国家对"三农"工作的重视程度。中国是人口大国，也是粮食消费大国，粮食安全关系中国发展根基，粮食丰则国基稳，粮食欠则民心慌。为此，每一个中发一号文件都强调了稳定农业生产、保证粮食安全的重要性，也都对粮食科技发展方向和支持措施做出具体部署。本章通过对连续 15 个中发一号文件涉及的粮食科技政策进行梳理，以求探寻我国粮食科技政策发展路线，为我国未来粮食科技政策的制定提出可供参考的建议。

二、粮食科技政策梳理

梳理发现，每一次中发一号文件都提出了对粮食产业发展具有很强指导意义的粮食科技政策。大致可分为育种、生产种植、储存、加工四个方面。其中，育种方面，涉及基础设施、人员培养、育种方向以及知识产权保护等；生产种植方面则涉及良种推广、水利建设、农田优化以及生产机械化等，尤其从 2011 年以来，水利建设农田灌溉强调更多；储存方面涉及国家储备、商业收储以及仓储建设三个方面；加工方面涉及加工补贴、产业化、收益分享和技术研发等方面。总体框架如图 5-7 所示，后文则将从育种、生产种植、储存以及加工这四个大方面分别梳理粮食科技政策的演化。

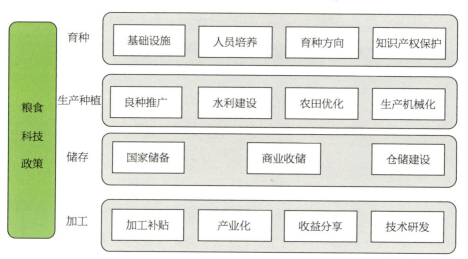

图 5-7 中发一号文件涉及的粮食科技政策总体框架

（一）育种

在 2004 年中央下发的一号文件中提出要加强大宗粮食作物良种繁育以加强主产区粮食生产能力。2005 年提出要加大良种良法的推广力度。继续实施"种子工程"，从 2005 年起，国家设立超级稻推广项目，提出要搞好良种培育和供应，促进粮食生产节本增效，进一步搞好粮食生产。

2006 年提出在继续实施种子工程的基础上，要加快农作物的良种繁育，积极推进农业结构调整。2007 年、2008 年中央一号文件中同样强调要继续推进种子工程。要求在新一代动植物新品种培育，特别是在超级稻、优质专用小麦、高产多抗玉米、杂交大豆等方面取得较大突破，实现良种、良法配套，形成保障目标产量的"品种＋技术"模式，促进粮食的稳产、增产。

2009 年提出推进转基因生物新品种培育科技重大专项，其育种方向主要是抗病虫、抗逆、高产、优质、高效的转基因新品种。支持科技人员和大学毕业生到农技推广一线工作。2010 年在继续强调实施转基因生物新品种培育科技重大专项，提出重点开发具有应用价值并拥有自主产权的新品种。培养农业科技领军人才。引导发展产学研联盟，培育有核心竞争力的大型种子企业。2012 年则在方法和技术方面提出突破生物基因调控及分子育种重大基础理论和方法、突破技术瓶颈，在良种培育方面取得一批重大实用技术成果。2013 年强调推进种养业良种工程，加快农作物制种基地和新品种引进示范场建设。2014 年提出加强以分子育种为重点的基础研究和生物技术开发，提出要建成信息系统和机械化技术体系。育种方向仍是高产、优质、抗逆、适应机械化生产的突破性新品种。在科研人才与基础设施方面则主要是推进种业人才、资源、技术向企业流动。此外，继 2010 年后再次强调大型种子企业的培养。

2015 年政策方向侧重科研基础设施和科研人才，文件指出实行科技创新激励机制，完善科研院所、高校科研人员与企业人才流动和兼职制度，推进科研成果使用、处置、收益管理和科技人员股权激励改革试点，激发科技人员创新创业的积极性。强调在生物育种领域要取得重大突破。2016 年继续强调重点突破生物育种等领域关键技术以及现代种业发展，指出要大力推进"育繁推"一体化。并对转基因技术提出研发和监管要求。2017 年提出实施种业自主创新重大工程和主要农作物良种联合攻关。在育种方面则是加快适宜机械化生产、优质高产多抗广适新品种选育[6]。

2018 年提出高标准建设国家南繁科研育种基地。建立高等院校、科研院所等事业单位专业技术人员到乡村和企业挂职、兼职和离岗创新创业制度，并保障其各方面的权益[7]。并健全种业等领域科研人员以知识产权明晰为基础、以知识价值为导向的分配政策。

（二）生产种植

2004 年中发一号文件提出要集中力量支持粮食主产区发展粮食产业，促进种粮农民增加收入。为加强主产区粮食生产能力建设，从 2004 年起，国家将实施优质粮食产业工程，选择一部分有基础、有潜力的粮食大县和国有农场，集中力量建设一批国家优质专用粮食基地[8]。扩大沃土工程实施规模，不断提高耕地质量。要增加资金规模，在小麦、大豆等粮食优势产区扩大良种补贴范围。

2005 年提出要继续实施优质粮食产业工程，建设商品粮生产基地。并且强调要进一步抓好粮食生产，稳定和增加粮食播种面积，改革种植制度，提高复种指数。2006 年提出在继续实施优质粮食产业工程的同时，实施粮食丰产科技工程；要稳定发展粮食生产。坚决落实最严格的耕地保护制度，切实保护基本农田，保护农民的土地承包经营权。2007 年提出要努力稳定粮食播种面积，提高单产、优化品种、改善品质；并且在继续实施优质粮食产业、种子、植保和粮食丰产科技等工程的基础上推进粮食优势产业带建设，鼓励有条件的地方适度发展连片种植[9]。2008 年更具体地提出积极发展稻谷生产，扩大专用小麦播种面积，合理引导玉米消费[10]。继续实施粮食生产各项工程。2009 年提出要加大对良种的补贴力度，同时明确指出加大水稻、小麦、玉米以及大豆的补贴力度，以达到推广良种的目的。

2010 年提出继续加大良种补贴力度，同时扩大了粮食良种的补贴范围，新增了青稞良种以及花生良种补贴。在稳定粮食播种面积基础上，大力优化品种结构，着力提高粮食单产和品质。首次提出全面实施全国新增千亿斤（1 斤=0.5 千克）粮食生产能力规划，尽快形成生产能力，同时继续实施粮食丰产科技工程[10]。此外，还提出大力建设高标准农田、加快发展农业机械化以及对土壤改良等耕地建设的支持。2011 年基于干旱洪涝等灾害频发的背景，提出结合全国新增千亿斤粮食生产能力规划的实施加强农田水利建设，增加农田有效灌溉面积。

2012 年指出着力提高单产和品质。同时继续实施全国新增千亿斤粮食生产能力规划，继续实施粮食丰产科技工程、超级稻新品种选育和示范项目。继续加大良种补贴力度，并加强高标准农田建设、农田水利建设以及加快农业机械化。2013 年则在上年的基础上提出继续开展粮食稳定增产行动、粮食丰产科技工程。强化生产物质技术装备，继续良种补贴政策。2014 年提出继续实行良种补贴。推进高效节水灌溉行动、加快实施土壤改良。

2015 年继续提出制定高标准农田建设总体规划，实施耕地质量保护与提升行动，同时提出生产重大技术措施推广补助政策。2016 年继续强调高标准农田建设、推进农田水利建设、强化现代农业科技创新推广体系建设；继续实行农业支持保护补贴（将此前实施的种粮农民直接补贴、良种补贴、农资综合补贴合并为农业支持保护补贴）。2017 年指出加快高标准农田建设，提高建设质量。推进重大水利工程建设，深入实施土壤污染防治行动计划，支持地方重点开展设施农业土壤改良，增加土壤有机质。2018 年提出大规模推进农村土地整治和高标准农田建设，稳步提升耕地质量；加强农田水利建设，加快灌区续建配套与现代化改造，提高抗旱防洪除涝能力。推进我国农机装备产业转型升级。

（三）储存

2004 年中央一号文件中提出，从 2004 年起，粮食销区的经营主体到产区建立的粮食生产基地、仓储设施应享受国家主产区的有关扶持政策[8]。2005 年对粮食储藏问题更加关注，提出要加快建设以冷藏和低温仓储运输为主的农产品冷链系统，对农产品仓储设施建设用地按工业用地对待。并且提出在抓好粮食生产的基础上要保证必要的粮食储备，维护粮食市场的稳定。2007 年提出为促进粮食稳定发展，要加强对粮食生产、消费、库存及进出口的监测和调控，并进一步强调了粮食储存的重要性。

2008 年提出在保护生态前提下，着手开发一批资源有优势、增产有潜力的粮食后备产区。2009 年提出扩大地方政府粮食储备规模，2009 年年底前地方粮油储备要按规定规模全部落实到位，适时启动主要农产品临时收储，鼓励企业增加商业收储。加强"北粮南运"，继续实行相关运费补贴和减免政策，支持销区企业到产区采购[11]。2010 年继续扩大销区粮食储备规模。适时采取玉米、大豆等临时收储政策，同时支持企业参与收储[12]。

2012 年强调推进粮棉油糖等大宗农产品仓储物流设施建设。2014 年继续执行稻谷、小麦最低收购价政策和玉米临时收储政策。完善中央储备粮管理体制，鼓励符合条件的多元市场主体参与大宗农产品政策性收储。加快发展主产区大宗农产品现代化仓储物流设施，完善鲜活农产品冷链物流体系。实施粮食收储、供应安全保障工程。

2015 年强调加大重要农产品仓储物流设施建设力度。加快千亿斤粮食新建仓容建设进度，尽快形成中央和地方职责分工明确的粮食收储机制，提高粮食收储保障能力。继续实施农户科学储粮工程。继续执行稻谷、小麦最低收购价政策，完善玉米等重要农产品临时收储政策。合理确定粮食等重要农产品储备规模。完善国家粮食储备吞吐调节机制，加强储备粮监管。落实新增地方粮食储备规模计划，建立重要商品商贸企业代储制度，完善制糖企业代储制度并利用信息技术完善检测方法。2016 年提出加强粮食等重要农产品仓储物流设施建设。改革完善中央储备粮管理体制。深化国有粮食企业改革，发展多元化市场购销主体。科学确定粮食等重要农产品国家储备规模，完善吞吐调节机制。

2017 年强调深化粮食等重要农产品价格形成机制和收储制度改革。坚持并完善稻谷、小麦最低收购价政策，合理调整最低收购价水平，形成合理比价关系。科学确定粮食等重要农产品国家储备规模，优化中央储备粮品种结构和区域布局，改革完善中央储备粮管理体制，充分发挥政策性职能作用，严格政策性粮食监督管理，确保储存安全。支持家庭农场、农民合作社科学储粮[6]。

2018 年强调深化农产品收储制度和价格形成机制改革，加快培育多元市场购销主体，改革完善中央储备粮管理体制。通过完善拍卖机制、定向销售、包干销售等，加快消化政策性粮食库存。

（四）加工

2004 年，中央指出应支持主产区进行粮食转化与加工，对建立的加工企业实行优惠政策。2005 年提出要重点支持粮食主产区发展农产品加工业。大力扶持食品加工业特别是粮食主产区以粮食为主要原料的加工业[11]。支持粮食主产区农产品加工企业进行技术引进和技术改造。2007 年提出要加大对粮食加工转化的扶持力度。2008 年同样提出要推进农产品的精深加工。通过生物技术、精细化工技术、智能化设备制造等高技术在粮油加工业的应用，促进高效、节约、增值和清洁生产技术的发展。2009 年提出鼓励并扶持产业化经营以及农产品的加工，让农民更多分享加工流通增值收益。同时在资金方面也对农户带动力强的企业的技术研发进行强有力支持。

2012 年提出扶持产地农产品收集、加工、包装、储存等配套设施建设。2013 年指出对兴办农产品加工业给予补助，让农户更多分享加工销售收益。逐步扩大农产品加工增值税进项税额核定扣除试点行业范围。适当扩大农产品产地初加工补助项目试点范围。2014 年推进以设施农业和农产品精深加工为重点的新兴产业技术研发，组织重大农业科技攻关。2015 年强调支持粮食主产区发展畜牧业和粮食加工业，继续实施农产品产地初加工补助政策，发展农产品精深加工。

2016 年强调推动农产品加工业转型升级。加强农产品加工技术创新，促进农产品初加工、精深加工及综合利用加工协调发展，提高农产品加工转化率和附加值，增强对农民增收的带动能力。加强规划和政策引导，促进主产区农产品加工业加快发展，支持粮食主产区发展粮食深加工，形成一批优势产业集群。开发拥有自主知识产权的技术装备，支持农产品加工设备改造提升，建设农产品加工技术集成基地。培育一批农产品精深加工领军企业和国内外知名品牌[13]。同时完善农产品产地初加工补助政策并研究制定促进农产品加工业发展的意见。

2017 年科学制定产业园规划，统筹布局生产、加工等功能板块。吸引龙头企业和科研机构建设运营产业园，发展精深加工，带动并鼓励农户参与分享收益。以"一带一路"沿线及周边国家和地区为重点，支持农业企业开展跨国经营，建立境外生产基地和加工基地[6]。2018 年强调实施农产品加工业提升行动，鼓励企业兼并重组，淘汰落后产能，支持主产区农产品就地加工转化增值。

参 考 文 献

[1] 黄萃, 任弢, 李江, 等. 责任与利益: 基于政策文献量化分析的中国科技创新政策府际合作关系演进研究[J]. 管理世界, 2015, (12): 68-81.

[2] 李容容, 罗小锋, 余威震. 中国农业科技政策的历史演进及区域政策重点差异分析[J]. 情报杂志, 2018, 37(4): 55-61.

[3] 叶选挺, 李明华. 中国产业政策差异的文献量化研究——以半导体照明产业为例[J]. 公共管理学报, 2015, (2): 145-152, 159-160.

[4] 李江, 刘源浩, 黄萃, 等. 用文献计量研究重塑政策文本数据分析——政策文献计量的起源迁移与方法创新[J]. 公共管理学报, 2015, (2): 138-144, 159.

[5] 苏竣. 公共科技政策导论[M]. 北京: 科学出版社, 2014.

[6] 中共中央国务院关于深入推进农业供给侧结构性改革加快培育农业农村发展新动能的若干意见[N]. 人民日报, 2017-02-06(001).

[7] 北京国际城市发展研究院首都科学决策研究会制度供给与政策创新研究课题组. 关于培养新三"农"工作队伍 16 条政策建议[J]. 领导决策信息, 2018, (36): 24-25.

[8] 胡善珍, 孙敬平. 解决我国农村市场消费问题的几点思考[J]. 安徽农学通报(下半月刊), 2011, 17(14): 20-22.

[9] 曾杨梅, 张俊飚, 何可, 等. 农户农业技术采用现状、影响因素与对策: 一篇文献综述[J]. 科技管理研究, 2017, 37(1): 119-123.

[10] 张建辉. 中国县域人均粮食占有量的时空差异及驱动因素研究[D]. 西北师范大学硕士学位论文, 2016.

[11] 王劲松. 新农村建设政策与法规[M]. 银川: 宁夏人民出版社, 2011.

[12] 王莹. 黑龙江垦区粮食物流发展问题与对策研究[J]. 经济研究导刊, 2013, (16): 115-117, 142.

[13] 新华社. 中共中央 国务院关于落实发展新理念加快农业现代化实现全面小康目标的若干意见[J]. 中华人民共和国国务院公报, 2016, 1(6): 4-13.

第六章 典型国家和地区粮食科技政策调研分析

全球农业生产资源分布极不平衡。其中，农业可用耕地主要集中在亚洲、欧洲和北美洲，森林主要集中在欧洲和拉丁美洲，草原主要集中在非洲和亚洲。此外，不同国家、地区之间发展水平和农业资源禀赋也存在较大差异：经济发达国家人口少，占有资源量大，禀赋优；广大发展中国家人口众多，但占有资源量少。

面对粮食生产资源禀赋不均，自由的粮食贸易对于维护全球粮食安全、促进各国农业繁荣和发展具有重要意义。各国政府基于粮食安全考量，积极调整相关政策，实施农业支持激励措施以促进农业生产和提高效率，从而确保本国粮食安全。但随着人口数量不断增加、极端天气愈发频繁、资源环境束缚日益加剧，依靠科技支撑、转变农业发展方式以保障粮食安全已成为当前世界各国尤其是发展中国家农业科技发展的主要任务。

我国是粮食生产与消费大国，同时也在全球粮食贸易中发挥着举足轻重的作用。随着经济发展和城镇化水平的提高，当前我国进入了高质量发展阶段，居民饮食结构更加多元化，也更加注重营养健康。如何在资源束缚条件下依靠科技来保障我国新时期的粮食和营养安全？这需要从全球的视角来审视和回答。

本章从粮食供需平衡的角度，筛选了几个典型国家和地区，并分为粮食出口国（地区）、粮食进口国（地区）及粮食产销平衡国（地区）等三类加以比较研究，重点梳理各类代表性国家和地区在保障其粮食安全方面的政策措施，尤其是在粮食科技方面的经验与做法，以期为我国在新时期的粮食科技发展布局及相关决策提供参考。

第一节　典型国家和地区的划分依据

粮食安全的概念最早由 FAO 于 1974 年 11 月在第一次世界粮食首脑会议上提出，主要包括三个层面的内容：一是在生产层面上，确保能生产出数量充足、符合需求的食物；二是在供给层面上，最大限度地稳定粮食供应，防止政治、经济、流通等任何理由阻碍粮食的稳定、及时供应；三是在需求层面上，确保所有人满足其积极和健康生活的膳食需要及食物喜好。此后，FAO 根据上述有关粮食安全的概念提出了从粮食供给、粮食获取、粮食利用和粮食安全稳定性四个维度的粮食安全状况评价指标[1]。

其中，粮食进口比率指标与粮食安全供给相关，且与本章研究目的较契合。它涉及了粮食贸易方面，可用来表示国内可供应粮食中进口部分占比情况，能从侧面反映国家粮食稳定性状况。FAO 在 2017 年发布的报告中从热量角度评价了各国（地区）粮食净进口情况[2]。本章根据该报告结果，从中遴选出美国与巴西、日本与以色列、欧盟分别作为粮食出口国（地区）、粮食进口国（地区）和粮食产销平衡国（地区）的典型代表，并开展后续相关国家（地区）粮食科技政策调研。

第二节　主要粮食出口国

一、美国

（一）美国农业概况

美国土地肥沃，气候温和，现有可耕地约 1.52 亿公顷，牧场 5.6 亿公顷。尽管美国的农业增加值仅占国内生产总值（gross domestic product，GDP）的 1%、农民人数占人口总数的 2%，但其农产品出口额占商品出口总额的 10%、农业及配套产业吸纳的就业人数约占美国劳动力总数的 13%。目前，美国约有 220 万个农场，每个农场平均面积约 170 公顷，实行以大型农场为主的经营模式。美国种植业主要集中在中北部玉米带、大平原小麦带、南部棉花带和太平洋沿岸综合农业区等种植带。

美国是农业生产大国，粮食总产量约占世界总产量的 1/5。美国农作物生产以玉米、大豆、小麦和棉花为主，其次为稻谷、燕麦、烟草、马铃薯、甜菜和柑橘等。2016 年，美国玉米、大豆、鸡肉和牛肉产量均位居世界第一，猪肉和小麦产量分别位居世界第三和第四位[3]。

美国是世界上最大的农产品出口国。2016 年，美国农产品贸易总额为 2505 亿美元，出口额为 1297 亿美元，农产品出口额和进口额在全球进出口总额中所占比例分别为 11%和 10.1%。其中，小麦、玉米、大豆、棉花、牛肉、猪肉出口量均居全球第一，其出口量占全球的比例分别为 16%、36%、39%、39%、12%和 29%[4]。

（二）美国粮食科技政策的典型经验与特点

美国农业高度发达，具有土地经营规模巨大、机械化水平高、科技含量高、大农业企业研发能力强等特点，使其农产品在国际上具有明显的比较优势。为提高本国农业生产效率和农产品出口竞争力，美国采取了多种形式的生产和贸易促进措施，在提高农产品出口和竞争力、保护农民利益、促进农业和粮食安全方面发挥了重要作用。

1. 形成多层次的农业相关法律法规体系，为美国农业发展提供了根本性保障

美国出台和实施了多部涉农法律法规，在保障农民收入和提高农产品竞争力等方面发挥了重要作用。第一，《农业法案》是美国政府制定农业政策

所依据的基本法律，包括农产品价格支持、土地调整、农业信贷、农业保险、农业基础设施建设、农业技术推广和咨询服务、农业科研、病虫害控制、检验服务、市场营销服务、农业合作社、农业劳动、农产品流通、农业环境和生态农业建设、粮食安全储备支出等。《农业法案》从根本上保障了土地的占有、使用、收益和分配，提高了农产品质量，推动了美国农产品出口，保障了其粮食安全。[5, 6]第二，通过实施《专利法》（1952 年）及《植物品种保护法》（1970 年），为美国育种权提供了相应的保护，促进了美国种业的发展。同时，美国还利用多边、双边体制维护本国种业在国际市场上的利益，如 1995 年美国成功地将对植物新品种知识产权保护的要求纳入到世界贸易组织（World Trade Organization，WTO）体制之中，进一步为美国育种权国际保护提供合理依据。第三，通过仓储法规条例等的有效实施，降低了粮食供应的不稳定性。美国于 1916 年通过了《美国仓储法》，此后根据该法又制定了《粮食仓储条例》，对粮食仓储许可证、仓储保证金、仓储存单、仓储商的责任和粮食检验、称重、分级等做出了具体和明确的规定[7, 8]。

2. 构建完善的农业科技创新体系，为美国农业发展提供了重要技术支撑

美国是全球农业科技发达国家，其完备的农业科技创新体系促进了美国农业生产的高效率、科研成果的高产出和成果转化的高效化。一是形成了相对完整的科研、教育、推广"三位一体"服务体系[9]。其中，公立农业研究体系包括赠地大学附属的州农业实验站和联邦农业研究实验室，是农业教学和推广的纽带。美国农业院校农业教学是农业科研和农业推广的基础，其主体是赠地大学中的农科类院系。农业推广由赠地大学与联邦政府、州政府和地方政府合作进行，是农业教学和科研成果的转化途径[10]。二是逐步形成了以私营投资为主的科研投入方式。美国目前的农业科研资助呈现出农业公共资助金额占比逐年下降、私营部门投入占比逐年上升的趋势。其中，美国公共

部门的农业研发支出份额在 1960 年至 2009 年期间从 21%下降到了 13%。与此形成鲜明对比的是，美国私营企业近几十年来的农业研发经费增长迅速，从每年的约 60 亿美元增长到 2013 年的 118 亿美元，已大幅度超过公共部门的农业研发支出[11]。三是形成了公私研究领域分工各有侧重、优势互补的资助格局。其中，公共研发资助领域侧重环境和自然资源、食品营养与安全、经济与统计以及社区发展等社会问题[12]，私营研发资助更关注食品制造业和农业机械等领域。这种互补关系可以刺激农业创新，以及帮助抵消农业公共研发因通货膨胀形成的经费缺口[13]。

3. 出台了一系列农业战略规划，为确保美国农业的领导地位指明了方向

近年来，美国在农业领域发布了多项战略规划和资助计划，以确保其农业的全球领导力。一是制定美国未来十年可持续的农业与食品战略。2018 年 7 月，美国国家科学院发布报告[11]，明确了未来十年美国农业与食品研究的主要目标，包括提高粮食和农业系统的效率、提高农业发展的可持续性以及提高农业系统应对迅速变化和极端环境的弹性；同时指出了未来十年最有前景的 7 个农业与食品研究方向，并针对面临的关键技术挑战识别了 5 项科学突破机遇。二是启动农业与食品研究计划（Agriculture and Food Research Initiative，AFRI）。AFRI 是美国农业部支持农业研究的一个旗舰级的同行评议的竞争性资助计划，其资助范围广泛，包括基础科学、农场管理和社区问题等，其优先研究领域包括动植物健康与生产、食品安全与营养等方面[14]。三是出台了多个植物育种相关的规划或路线图。美国非常重视种业的发展，先后启动了国家植物基因组计划，美国农业部植物育种路线图，美国农业部植物基因资源、基因组学及遗传改良行动计划（301 计划）等。通过上述相关计划的实施，美国将加强相关优先领域的前瞻性部署，最终确保美国在育种等领域的全球领导者地位[15-17]。

4. 建立稳定运行的促销机制与体系，为美国农产品出口贸易奠定了坚实基础

美国农业过剩，市场空间是其最主要的约束。因此，美国制定了高效的农产品促销机制与体系，以推进农产品的对外出口。一是多层面的促销机制。其中，政府合作层面以自由贸易为导向，推动其他国家开放市场、改善市场准入条件；政策层面通过出口信贷政策、粮食援助政策，大力扩大农产品出口；项目层面通过实施海外市场开发计划和海外市场准入计划，扶持农产品行业协会和企业开拓海外市场[18]。二是运行流畅的促销体系。美国农产品出口促销体系组成部分包括农业部、商务部、国际贸易委员会、农业合作协会、贸易谈判代表以及法律规定的其他组织与机构[19]，各部门围绕农产品出口各司其职、顺畅运行。三是实施农产品出口支持计划。美国的农业团队、农业协会与政府签订了合同，参与农产品出口支持计划，包括市场开放、国际贸易信用担保、技术保障、国际贸易促进和奶制品国家贸易奖励、食品援助和发展等方面的方案。此外，最新《农业法案》授权每年提供 2 亿美元用于国际市场开发，并赋予了美国国际开发署在实施食品和平计划时拥有更大的灵活性。

二、巴西

（一）巴西农业概况

巴西自然资源优厚，生物多样性丰富，农业在其经济发展中占据举足轻重的地位。目前巴西国土总面积为 854 万平方千米，居世界第五。其中，巴西耕地面积为 8000 万公顷，人均耕地面积 0.39 公顷。同时，巴西约 84% 的人口生活在城市，其城市化程度较高；由于农业人口少，巴西农业规模化程

度高[20]。

在过去几十年间，巴西农业发展取得了世界瞩目的成就，主要包括：第一，2010 年以后谷物基本满足自给的同时，谷物和肉类出口量显著增加，使得农业生产和贸易增幅显著。其中，大豆和糖类 2016 年的出口贸易额分别以 193 亿美元和 104 亿美元位居前两位。第二，仅次于美国，成为全球农业和农产品第二大出口国。2013 年，巴西农产品出口额总计 895 亿美元，而 2000 年仅为 143 亿美元，同期农产品在出口总收入中所占份额从 25% 上升至 36%，主要出口农产品包括大豆、糖类、肉类和咖啡等[21]。第三，成为全球第二大转基因作物种植国。根据国际农业生物技术应用服务组织统计，巴西 2016 年的转基因作物种植面积达到 4910 万公顷，仅次于美国[22]。

（二）巴西粮食科技政策的典型经验与特点

20 世纪 70 年代末，巴西曾遭遇粮食供应危机，并引发食品价格上涨、供给不足和社会动荡等问题。此后，巴西采取了一系列促进农业生产和农产品贸易的相关措施，并在短时间内成功解决了粮食安全的问题，使其从一个粮食进口国成为农业出口大国。

1. 调整农业发展战略，制定了一系列适应巴西农业发展的支持政策

20 世纪初，巴西开始实施面向国内市场的"进口替代工业化"战略，制造业部门获得较快发展，创造了举世瞩目的"巴西奇迹"。在此阶段，巴西重视发展咖啡、大豆、甘蔗、柑橘等出口产品以支持其工业化发展，而国内消费的粮食却主要依靠进口[23]。20 世纪 90 年代，巴西农业部门也启动了一系列相应的改革，削减了其用于价格补贴和信贷补偿的支出，放松了对小麦、甘蔗、咖啡的市场管控，取消了针对农产品的国家增值税、许可规定和数量限制，实现了贸易自由化[24]。上述改革措施使得巴西农业尤其是大豆、玉米

以及畜牧的生产显著提高，农产品出口贸易量显著增加。

同时，巴西根据不同发展阶段，对其农业支持政策进行调整和完善。1975年以前，巴西的农产品出口以咖啡为主。1975年以后，巴西开始对大豆、杂豆和木薯等农产品实行价格支持；此后，价格支持逐渐成为巴西农业政策的支柱，其包括了联邦政府的直接购买和营销贷款两种手段，从而促进了巴西农业的发展[25]。1995年以后，价格支持政策逐步被产品售空计划和期权合约补贴两个新政策措施取代，巴西市场更加开放。这一时期的农业政策目标具体表现在两个方面：一是对大农场减少价格支持，使其在国际市场上的竞争力不断提高，保持农业的国际竞争力；二是对小农户采取家庭农业支持计划，保证农民收入不低于城市居民收入，防止农村人口向大城市过快和过度流动而造成社会问题。

2. 建立以政府为主导的农业科技创新模式，促进了农业科技的发展与应用

从 20 世纪 70 年代起，巴西建立了联邦-州双重创新体系，即包括国家研究院、大学和巴西农牧研究院（Embrapa）等在内的国家农业创新与研究体系。国家农业创新与研究体系负责组织、协调和开展一系列农业科学研究，推动农业发展、土地的可持续利用和自然资源的保护。同时，该体系推出了一系列的创新技术，增强了巴西的农业研发能力，同时改善了巴西国内的基础设施、人力资本、管理机制和支持政策，促使巴西农业在过去的 40 年得到快速发展。其中，由巴西农业部管理的半联邦机构 Embrapa 是巴西国家农业创新与研究体系的主力军，在推动巴西发展成为全球重要的粮食出口国过程中做出了重要贡献，是巴西农业制度创新的成功案例[26, 27]。Embrapa 成立于 1973年，在 40 多年的发展中，开发和转移了 9000 多项技术，培育了 350 个栽培品种并获得 200 多项国际专利。该机构的主要贡献包括：开发改良土壤品质技术，把 22% 的巴西酸性土壤改良成中性耕地，使巴西能够利用边际土地以低成本和国际价格竞争优势开展农业生产；培育出耐酸性土壤的大豆品种，

可以在巴西实现一年两熟；培育出适应半干旱热带地区的棉花品种，提高了棉花的单产，促进了巴西棉花产业的发展。

3. 重视农业科技投入与研发，大力发展生物育种等高新技术产业和可持续农业

巴西政府每年投入大笔拨款用于新技术的研发，是其农业部门能够实现技术快速发展的最为重要的因素。一是重视农业研发投入。巴西政府在 2001 年就颁布法令明确规定每年要将当年税收总额的 17.5%用于农业科技研发。2011 年巴西农业研发支出经费为 33 亿美元，占农业生产总值的比例为 2.6%，高于我国（0.8%）和印度（0.5%），人均农业研发经费（16.9 美元）也远高于我国（8.1 美元）和印度（4.2 美元）[28]。二是重视农业生物技术的发展与应用。巴西重视发展和应用转基因技术，早在 20 世纪 80 年代就制定了国家生物技术计划，使其自 2009 年开始一直保持全球第二大转基因作物种植面积国家的地位。三是培育出能够适应热带地区各种环境条件（如能够适应不同地理纬度、土壤酸度）的新品种，为生产者和涉农产业提供了更好的种植业和养殖业技术。四是发展可持续农业生产模式，包括：全球领先的免耕制度能够显著减少土壤侵蚀，提高土壤整体质量，增加地下水补给；利用内生固氮菌的接种技术进行生物固氮，可以使大豆使用的化学肥料显著减少；生物控制的应用减少了化学杀虫剂的使用，对环境、农村工作者的生活质量、食品安全与质量都产生了积极影响。

4. 鼓励和扶持农业出口贸易，发挥比较优势发展创汇农业

巴西政府非常重视外向型创汇农业的发展，通过多种举措来促进农业出口。一是大力发展农牧业初级产品加工业，促进畜牧产品出口增值[20]。二是通过签订自由贸易协议、双边及多边贸易谈判等方式，减少进口国的贸易壁

垒[29]。三是设立出口保险基金及出口信贷基金，支持优势出口农产品如大豆、咖啡、烟叶等的发展[30]。

经过多年努力，巴西农产品贸易出口成绩斐然，出口额增长快速。其中，巴西农产品出口总值从 1990 年的 46.9 亿美元增长至 2016 年的 599.94 亿美元，增长了近 12 倍，成为全球大豆、玉米、糖、肉类、咖啡和乙醇的主要出口国。巴西农产品大量出口，使其在国际市场上形成了品牌优势，同时也促使其农业竞争力不断得到提升。

第三节　主要粮食进口国

一、日本

（一）日本农业概况

日本是一个由东北向西南延伸的弧形岛国，陆地面积约为 37.8 万平方千米，属于典型的人多地少国家。日本土壤贫瘠，主要为黑土（火山灰）、泥炭土以及泛碱土，大部分冲积土已开垦为水田，划分为北海道、东北、北陆、关东、东海、近畿、中国、四国、九州、冲绳等 10 个农业区。

粮食自给率低。 日本农林水产省网站资料显示，1965～2015 年，日本以热量为基础计算的粮食自给率和以生产额为基础计算的粮食自给率均有明显下降，前者从 73% 下降至 39%，而后者从 86% 下降至 66%，该数值在主要发达国家也是最低的。以 2015 年为例，日本生产的粮食只能满足 39% 人口的热量需求，其余 61% 的热量需要通过进口途径来解决。

日本农业总产值呈现回暖趋势。 日本农作物种植种类位列前三位的分别是水稻、小麦和大豆。1984～2014 年，随着稻米消费量的下降，农业总产值也持续下降。自 2015 年起，由于稻米和蔬菜需求得到满足，农业总产值逐渐增长，至 2016 年达 9.2 万亿日元[31]。

（二）日本粮食科技政策的典型经验与特点

日本耕地面积有限，人地关系十分紧张。近年来，日本的农产品进口量大幅增加，综合粮食自给率持续下降，保障国内粮食安全成为政府优先考虑的事项之一。为此，日本在农业发展过程中，通过一系列政策措施促进国内粮食生产，并不断根据国内粮食的供给和国际市场的变化，对其粮食政策进行调整，以保障其粮食安全。

1. 促进国内粮食生产，调控粮食进口

为了保障粮食供应和有效推动国内农业发展，日本对国内粮食的生产实施了一系列巨额补贴支持政策。其中，日本主要支持政策包括以下几方面：一是将提高粮食自给率作为粮食安全保障政策的基本原则，并且在每五年制定一次的"基本计划"中明确设置了粮食自给率需要达到的指标。二是以 1961 年《农业基本法》为大纲，出台了配套辅助性法规，设立了完善的价格支持体系和多项投入支持制度，并根据 WTO 规则将投入支持转为收入支持。三是实施"农业经营对象培养制度"，制定了明确的补贴政策要求和对象，提高政策实施的精准性，刺激了粮农的生产积极性。四是先后修订了《农地法》和《农地利用增进法》，鼓励规模经营，促进土地流转，进而提高农业生产效率。

此外，日本还加强了对进口粮食的管制，以保护国内粮食生产。一方面，日本严格限制稻米进口，采取了高关税保护方式并限制进口稻米的用途，同时对玉米、大豆等饲料粮采取放量进口策略。另一方面，为了降低对少数粮食出口国家和地区的依赖，日本采取多种措施以推进粮食进口来源的多样化，如与许多国家达成进口粮食的长期协议、增加从发展中国家进口食品份额等。

2. 加强农业产学研密切合作，促进研究成果顺利落地转化

日本的农业科技创新与技术推广体系，主要由以政府为主导的农业普及指导体系和以农协为主导的营农指导体系组成。以政府为主导的农业普及指导中心主要是针对新型农民加入、农户定向支援等阶段开展一般性的农业技术普及工作，特定支援指导部门面向规模农户和骨干农户提供高级咨询服务。另外，以农协为主导的营农指导体系在农业组织培育、新技术与新品种引入、农业机械化推广、产地联结等方面发挥了重要作用[32]。

同时，日本采取一系列措施促进农业生产、科研和教育之间的密切合作。一是在日本不同行政区域（如都、道、府和县）内的农政部成立相关教育部门，以协调各地区的科学研究、改进和推广中心与农业大学的关系，承担起传递农业科技供给与需求信息的纽带作用[33]。二是日本政府重视产学研合作，并建立保障大学与企业顺利合作的政策制度，例如委托研究制度、人事交流制度和所有权保障制度等[33]。三是日本不同行政区域的改进和推广中心、农业大学和农业科研中心一般集中在同一地区，便于促进产业合作、学术研究和基层教育之间的交流与沟通。

3. 重视农业科技发展与应用，提高农业生产效率

由于人多地少、严重依赖粮食进口，日本非常重视以科技创新引领现代农业发展，并根据本国需求适时调整农业研发重点。20 世纪 70 年代前，日本重点开展新品种培育及种植技术研究，以应对粮食数量不足。此后，重点发展和普及省力化耕种技术，应对劳动力不足等问题。近年来，日本非常重视自动化、智能化技术的发展与应用，以缓解老龄化带来的劳动力供给压力问题以及减少对外部资源的依赖。具体如下。

一是全面实现农业机械化。日本农业机械化始于 20 世纪中期，并在 70 年代得到充分推广，从而使日本农业生产率有了明显提高。日本农业机械不

仅种类齐全，并且在向适用化、小型化、轻型化、系列化、高效化方向发展上卓有成效。二是大力发展生物技术。自1980年以来，日本政府实施了一系列政策措施，包括成立"国家生物技术战略会议"机构、出台《生物技术战略大纲》、将生物技术研发纳入国家科技发展规划、将生物技术产业纳入国家经济发展的最重要产业、政府和民间各界不断增加经费和人才投入等[34]。这些措施的实施极大地推动了日本生物技术的发展，并使之位居亚洲前列。三是推广农业自动化、智能化技术以应对劳动力短缺。日本在《第五期科学技术基本计划（2016～2020）》《机器人新战略》等战略规划中提出加快农业智能化，并拟到2020年实现无人农场和除草机器人、采摘机器人等20种以上的新型机器人的应用[35, 36]。

4. 积极推行海外农业开发，利用海外资源保障国内粮食供给

为解决地少人多而面临的粮食难以自给的难题，日本在考虑粮食安全保障策略时，并不局限于国内的农地面积，而是注重利用海外土地资源、积极开拓海外市场，以保障国内农产品的有效供给。一是形成官民协力的海外农业投资模式。通过政府开发援助的方式对拉美、东欧、非洲等地进行农业援助，鼓励并支持国内企业进入国外农业产业链各环节，促进受援国高附加值农业的发展，为自身创造了更加有利的海外农业投资环境及多元化的进口来源。二是出台了一系列鼓励海外农业开发的措施。日本政府对国内企业的海外投资实施税收优惠和海外投资保险等制度，并提供长期和固定的低息贷款，鼓励农业企业开拓海外市场，设立农业海外开发专门机构为对外投资企业提供各类信息服务。三是将政府援助和民间合作相结合，与粮食出口国（地区）保持良好的合作关系。援助计划的实施不仅为日本企业创造良好的投资环境，有助于其拓展海外市场，而且进一步促进日本的经济增长。四是建立完整的海外农业产业链。日本通过与海外当地农民签订粮食采购合同以保证其国内

对于玉米、大豆等需求量大的农产品供应。从 20 世纪 70 年代起，日本农协联合会和综合商社开始在海外购买农作物并直接运回日本[37]。此外，日本还通过大型贸易公司在海外建立稳定的农产品供应基地，控制着庞大农产品产业链的上端，并通过与当地国家建立的合资公司控制海外农产品的生产、收储、加工和出口等各环节。

二、以色列

（一）以色列农业概况

以色列国土总面积 2.2 万平方千米，耕地面积 43.7 万公顷，约占其国土面积的 20%，人均耕地仅约 0.05 公顷，且大部分耕地为沙质或黏土质，不适合农业生产。以色列自然条件先天不足，是一个水资源极度匮乏和沙漠化十分严重的国家：干旱地区面积约占国土总面积的 75%以上，山区和沙漠面积占国土总面积的 88%，因而曾经被视为不适合农业发展[38]。然而，随着战略资源合理配置和科技的运用，以色列沙漠化问题得以有效控制，生态环境不断改善，创造了可持续现代农业的"沙漠奇迹"。

以色列是粮食净进口国。 由于水土资源的限制，以色列进口大量的饲料谷物以满足本国粮食及农副产品供需，在粮食和农产品方面形成了较大的贸易逆差。2017 年，以色列农产品进口达到 61 亿美元，其中 8%来自美国。以色列的进口农产品以小麦、牛肉等为主，其进口量分别占国内消费量的 90% 和 50%[39]。

以色列是果蔬、花卉等作物的重要出口国。 20 世纪 70 年代以后，以色列根据自身自然资源条件，调整了农业发展战略，重点发展水果、蔬菜、花卉等高附加值出口农产品。目前，以色列的水果和蔬菜单产水平居世界前列，并占据了欧洲水果和蔬菜市场份额的 40%，因此还享有"欧洲厨房"

的美誉。

（二）以色列粮食科技政策的典型经验与特点

以色列耕地少，自然条件恶劣，其发展农业的资源条件极差。面对农业自然资源和环境束缚，以色列结合本国特色适时调整农业发展战略，重视科技投入与创新，走可持续性的集约化道路，并成为世界上资源节约型农业的典范。

1. 重视农业科技创新与成果转化，提升科技支撑农业发展能力

以色列一直以来都把科技兴农作为国策，并使科技对农业增长的贡献率达到 90% 以上。其中主要措施包括[39]：一是制定各项促进科技创新的法律及各项优惠政策。以色列政府制定了《鼓励研究与开发法律》，通过了一项"鼓励投资法案"，建立了多个培植高科技企业的"孵化器"，为开发高附加值的产品创造良好的政策环境。同时，以色列政府为投资者和创业者提供多种优惠，包括投资津贴、政府贷款保证、免除税额和高风险企业创业基金等[40]。二是建立了一套完备的科研体系。以色列不仅在国家层面建有农业研究中心，并且在地方建有规模不同、直接服务于当地农业生产的农业科研机构，拥有 30 多家农业科学研究机构和 3500 多家高科技公司。三是重视农业科研尤其是应用研究的经费投入。以色列是世界上研发经费投入较多的国家之一，其每年用于农业科研开发的专项经费达 8000 万～12 000 万美元，占农业总产值的 3%[40]。四是重视农业科研成果的评价和成果转化平台的搭建。以色列对每项技术成果都要进行投入与产出的经济效益比较分析，并且从开发直到最终的应用实行全程式追踪评价。同时，以色列非常重视农业科技创新成果转化，拥有多家负责科研成果转化的中介公司，这有效地促进了以色列农业成果转化。

2. 重视高新技术的研究与应用，以科技驱动农业快速发展

以色列目前已是高新技术产业极为发达的国家，大力发展技术密集型的高科技农业已成为促进其经济发展的一个显著特征。一是发展先进的节水灌溉技术。滴灌技术是以色列为应对水资源严重缺乏而发明的，已应用在超过80%的农田和绿化灌溉中。该技术的使用不仅节水、省肥及农药，还可降低土壤盐碱化，促进了耕地面积的扩大和作物产量的提高。二是重视生物育种技术的研发与应用。以色列生物育种技术全球领先，通过传统育种和生物育种技术等方法不断改进作物抗病性和对环境适应能力，培育出既抗旱又高产的杂交椰枣、香蕉、向日葵等新品种和耐盐碱、耐储存且口感好的番茄。三是推进信息化、智能化技术在农业中的应用。在农业装备方面，将农机与电子信息技术相结合，开发出农业耕种的重型机械，在自动控制基础上将耕作与施肥融为一体，提高了作业的效率。在农业灌溉方面，采用计算机对灌溉方式进行自动化操作和实时监控。在温室农业中，供水、施肥和气温调控等都实现了在节水基础上的精确化管理和电子化智能控制。

3. 顺势调整农业发展战略，化弊为利发展高附加值产业

20世纪50年代初，以色列实行农产品自给策略，并在政策、财政、信贷等方面都给予极大的支持，以促进农业的发展。尽管如此，以色列仍需要大量进口主要农产品。随后，以色列于20世纪70年代后开始实施外向型出口农业发展战略，调整了农产品种植结构，加大经济效益高的花卉、水果等作物的种植[41]。同时，以色列政府随着经济形势变化而不断调整相关政策措施，逐渐减少对农业生产的计划性干预，推动产业结构调整和市场化经营。自20世纪80年代中期以后，政府实施了一系列改革措施，相继取消大田种植、花卉、马铃薯、番茄等生产定额，废除了国有果蔬、肉类产品经营特许权，取消对水果、蔬菜产业的价格补贴，减少对农业的直接价格补贴。

此后，以色列不断通过市场化引导结构优化农业发展，发展高效、集约型农业，同时将生物技术和经济效益紧密结合，研发高效、高产、优质的农产品。经过农业改革和结构调整后，以色列农业生产逐渐减少了农作物对土地的高依赖性，达到了资源节约和环境友好的效果，使稀缺的土地和水资源发挥最大的经济效益。

4. 构建多样化的农业组织，促进以色列农业高效发展

目前，以色列主要有公有制集体农庄（基布兹）、合作社（莫沙夫）和个体农户（莫沙瓦）三种农业生产组织形式，其所创造的产值分别占以色列农业总产值的 32%、46% 和 22%[39, 42]。其中，基布兹曾对以色列农业的发展做出过突出贡献，被以色列人视为"民族复兴的柱石"[43]。莫沙夫则是通过对基布兹的改良而产生，已成为以色列目前最主要的农业发展模式。莫沙瓦是典型的私有制经济，自主经营管理，土地财产均为私有。以色列政府非常重视对农业组织发展的法治保障，分别于 1933 年和 1958 年颁布了合作组织相关的法律法规，将对包括莫沙夫在内的合作社管理法治化，为农业合作组织奠定了法律基础。

以色列农业合作组织具有以下特点：一是构建了民主、合理的组织架构。基布兹和莫沙夫（基层农业合作社）的最高权力机构都是社员大会[44]，合作社活动的开展取决于执行委员会或代表大会。其中，基布兹的日常工作由执行委员会管理；莫沙夫则由代表大会处理经济事务及政务，委员会负责处理农耕、健康、教育、文化、吸收新成员等事务[44]。二是形成了各具特色的经营管理方式。其中，基布兹的生存主要依靠社员共同劳动创造的财富，而莫沙夫则依靠合作社所获得的利润以及社员支付的成本费用等。三是政府并不直接干预农业组织管理与经营，而是通过在金融信贷、生产供销、税费减免、科技培训等方面的政策对农业合作组织进行了全方位的支持。

第四节　主要粮食产销平衡国（地区）

（一）欧盟农业概况

欧盟农业资源丰富，农业生产具有较高的专业化水平，积极采用现代化的经营管理模式，尤其是法国、德国、荷兰等成员国的农业现代化在全球领先。欧盟的农业经济发展整体较好，是全球农业市场化程度最高的几个地区之一。

粮食种植和畜牧业在欧盟农业结构中处于重要地位。欧盟种植的农作物主要包括粮油作物、经济作物、牧草以及园艺作物等。其中，牧草类作物的生产面积最大，约 7200 万公顷；其次是谷物类作物，约 5700 万公顷。粮食生产始终居于欧盟农产品市场的中心，主要包括小麦、玉米、大麦与燕麦等。此外，得益于有充足的农产品作为饲料来源，欧盟的畜牧业高度发达。

欧盟是优质食品的主要出口地区。欧盟十分重视推动农产品出口，是加工农产品和高附加值农产品的主要出口地区。其中，2017 年欧盟净出口额达210 亿欧元，欧盟的奶制品、糖以及禽肉的出口量位居世界首位，农产品出口已经成为就业和农业产业发展的重要驱动力。同时，欧盟各国的农产品进口以内部贸易为主，各成员国内部进口量占到了总进口量的 3/4，对欧盟以外国家的农产品进口较少。

（二）欧盟粮食科技政策的典型经验与特点

当前，生物能源、有机种植、数字化农业、农业可持续性在欧洲地区广受关注，发展迅速。欧盟及其成员国高度重视农业粮食空间的作用，出台了一系列科技政策和经济贸易措施推动欧盟农业发展，注重通过发挥科技支撑引领作用来改善生态环境、提高产品竞争力。同时，欧盟十分重视农业合作社的作用，积极进行组织创新，推进现代农业经营方式。

1. 通过共同农业政策推动欧盟农业一体化，引导农业绿色发展

欧盟共同农业政策（Common Agriculture Policy，CAP）的实施，大大提升了欧盟农业共同体的竞争优势，在保证农产品市场稳定的同时促进了欧盟农业生产的发展。一是对内实行统一的农产品价格，对外实行关税壁垒，为欧盟农业发展提供了有力保护。在欧盟内部实行统一的管理市场价格，通过目标价格、门槛价格和干预价格工具实现共同价格的制定及价格波动的管理，消除成员国之间在农产品贸易中的关税和其他限制，优先购买成员国产品。对外征收差价税，限制进口，并采取出口退税政策鼓励出口，以保证欧盟农产品的国际市场地位。二是通过不断调整以农业补贴为核心的农业政策引导农业发展。20 世纪 60 年代，为了提高农业产量和生产效率，实行以价格支持为核心的农业补贴政策，保障了农民的权益。随着粮食产量的增加，欧盟于 1992 年实行了由价格补贴转向收入补贴的重大变革，降低价格支持并减少出口补贴，以解决生产过剩问题。同时为了保护耕地和粮食生产能力，实行了休耕补贴政策。2000 年之后，为了促进农村的可持续发展，将环境保护和动物福利纳入农业政策补贴体系。当前，欧盟农业政策改革将改变对农业的支持方式，使支持政策走向更加绿色和市场化的道路[45]。三是通过共同农业政策引导农业绿色发展，环境友好、注重农村发展的改革方向越来越清晰。1992 年之后，欧盟采取补贴政策鼓励农民在粮食生产中减少化肥、除草剂和杀虫剂等化学药剂的使用量[46]。2003 年，共同农业政策改革明确规定了环境保护方面的交叉遵守原则。2013 年共同农业政策改革在第一支柱和第二支柱中明确规定专项用于环境保护的支付比例。2014 年之后的进一步改革使得共同农业政策的环保导向更加明显[47]。

2. 重视农业及粮食相关战略规划，引领欧盟农业高质量发展

为了推动欧盟农业科技的整体发展，欧盟通过若干战略计划和资助计划

进行整体布局。一是欧盟层面发布多份重要战略规划。欧盟委员会、欧洲科学院科学咨询委员会、欧洲联合研究中心（European Commission's Joint Research Centre，JRC）等机构陆续发布重要报告，确定未来欧洲植物科学和育种研发的战略方向，将其作为促进生物经济发展、提高农业竞争力的重要手段。二是通过研发框架计划（Framework Programme，FP）、竞争力与创新框架计划（Competitiveness and Innovation Framework Programme，CIP）和欧盟"地平线2020"计划等对粮食科技相关研究进行前瞻性布局和资助。其中，"地平线2020"计划提出资助"增强作物生产力、稳定性与质量"的相关研究方向，指出应当将作物改良置入一个整体思路，寻求新型育种目标来实现高产、稳产、优质、耐逆，并减少对环境的影响[48]。

在欧盟的整体框架下，各国制定了适合本国国情的农业科技政策或战略规划。2015年，法国发布"农业创新2025计划"，重点改善农业创新环境等，包括基础设施、数据平台的建设与开发、体制机制改革以适应现代科学研究的发展变化[49]。2016年，爱尔兰发布《2035技术预见》报告，聚焦了动植物基因组学、微生物组、数字技术、食品加工新技术、食品价值链体系的变革等未来五个优先发展领域[50]。2017年，英国发布《农业与粮食安全研究战略框架》，提出重点发展可持续的农业系统、作物与农场动物健康、食品安全和营养、减少粮食浪费、基因组学的研究与利用、精准农业与智能技术等六个优先领域[51]。

3. 重视粮食出口，确保粮食质量安全

随着欧盟作物生产率的提升，粮食除了可以满足本地区消费外，还有部分盈余，欧盟鼓励通过对外出口缓解农业补贴的财政压力。一是通过共同农业政策对出口农产品给予补贴，并且其补贴金额等于欧盟市场价格与国际市场价格之间的差额，以增强欧盟农产品在区外市场上的竞争力。二是设立"门

槛价格"对进口产品征收差价税，使其不低于区内同类产品的价格，以增加欧盟农产品在区内市场上的竞争力。三是保护和鼓励欧盟各国之间的粮食买卖，成员国之间享受相同的国民待遇[52]。

此外，欧盟还建立贯穿产业链的严格质量控制体系，以保证粮食的品质和市场竞争力。在生产环节，严格筛选品质优良且适合销售的品种。在种植过程中，要求利用环境友好的方式防病虫害。在收购环节，政府只收购没有污染的优质粮食[53]。在储备环节，欧盟对入仓的粮食有明确的质量要求，谷物按照质量和等级分别入库。同时采用先进的品质检测方法，检测快速准确。

4. 发展生态、绿色农业，促进农业可持续发展

面对日益严峻的环境和资源问题，欧盟鼓励生态农业的发展，推动生态农产品生产方式代替常规农业生产成为主导模式。一是通过农业生态补贴，鼓励农民增加农业生态建设投入，并形成完善的农业生态监督体制。生态补贴对于保护农业生态环境，提高农产品质量，促进生态农业的发展，以及增强农民环保意识都产生了积极的影响。二是出台了农业生态环境补贴的纲领性文件——农业生态环境最低标准指标体系，成员国依据此标准并结合本国国情制定各国的农业生态环境标准指标体系[54]。三是重视有机农业的发展。欧盟出台有机农业相关条例，规定在生产中拒绝使用任何合成肥料和人工化学植物防护剂，在加工的过程中也不允许使用人工添加剂，以保持农产品的高品质与纯净无污染。此外，欧盟还将"欧洲叶"（Euro-leaf）标志作为欧盟有机产品标志。

5. 扶持农业合作社发展，推进现代农业经营方式创新

欧洲是农业合作社的发源地，在一百多年的发展过程中，欧盟农业合作社通过不断调整和创新，在市场中发挥了积极作用。一是欧盟各国非常重视

农业合作社，通过立法促进其发展。1959 年，在共同农业政策的框架下，成立了欧共体农业合作社总会（COGECA），各成员国通过立法的形式确立了农业合作社的地位，引导农业合作社的规范发展[55]。例如，法国颁布了《农业合作社法》《合作社总章程》《合作社调整法》等相关法规来引导合作社的发展[56]；荷兰的《法人法》是规定合作社成立与运行的重要法律文件；意大利推行 2001 年第 228 号法令、2003 年第 6 号法令等若干有利于农业合作社发展的法规[57]。二是欧盟农业合作社分布广泛，在整个农业产业链中发挥重要作用。20 世纪 70 年代以来，欧盟农业合作社不仅在农业生产环节起决定性作用，在农产品加工与流通、农业技术和机械的推广、农业教育与培训、农民社会保险、农业信贷与保险、农村社会服务等环节也发挥着举足轻重的作用。为了获取更高的农产品附加值，英国、法国等的大部分合作社建立了具有深加工和精加工能力的加工基地[55]。三是欧盟农业合作社通过公司化运营提高专业性和竞争力。近些年，农业合作社的发展主要得益于组织创新。合作社采用公司化运营的模式，以市场为导向，提高了其专业性和盈利空间。农业合作社之间通过提供差异化、个性化的产品和服务形成了良好的分工合作。公司化的运营促进了农业合作社的进一步发展，并提高了其市场竞争力[58]。

第五节　结论与启示

上述三种类型的国家（地区）由于经济社会基础不同，自然资源禀赋各异，其农业生产及粮食安全保障措施具有各自的特色经验。

一、各类型典型国家和地区粮食科技政策特点

（1）粮食出口国（地区）。以美国、巴西为代表的粮食出口国（地区）人少地多、自然资源禀赋好，并且实行大规模农场生产与经营，是农业生产

尤其是粮食生产大国（地区）。这些国家（地区）以国际市场需求为导向，根据本国（地区）的资源特点和条件，选择各具特色的创汇农业模式，如美国创汇农业以谷物产品和农业原料为主，巴西则以热带作物产品为主，并重视科技在农业发展中的重要作用，尤其关注机械化技术和设备的应用，以促进农业生产、提高农业效率。

（2）粮食进口国（地区）。以日本和以色列为代表的粮食进口国（地区）人多地少、自然资源禀赋差，粮食自给率低且严重依赖进口。此类国家（地区）非常重视科技发展，尤其关注土地替代要素的投资，并通过对高新技术的投入与创新来替代土地、水等稀缺资源，选择高度集约化农业发展道路。

（3）粮食产销平衡国（地区）。以欧盟为代表的粮食产销平衡国（地区）已基本解决粮食生产与供给的问题，更多聚焦于如何满足人们健康、营养的农产品需求。因此，这类国家（地区）非常关注纯天然、无污染和高品质农产品生产，重视发展环境友好型和可持续的农业。

二、启示与建议

依托自身资源禀赋和基础，因地制宜发展特色优势产业。我国幅员辽阔，自然环境复杂多样，形成了各具特色的地理区域，且不同区域发展农业的条件差异很大。因此，我国各省区市应因地制宜选择适合本地区的农业发展道路，例如，西北干旱地区可以学习以色列节水农业的发展经验，地广人稀的东北平原则可以发展规模化农业，东南沿海地区人多地少则可发展垂直农业，西南山区则可以发展生态旅游农业。

以科技创新驱动发展，推动农业发展方式转变。农业的发展不仅依靠资源的禀赋，更重要的是依赖科技创新。随着农业现代化深入推进，我国农业发展面临的资源环境约束趋紧、农产品供应结构性失衡、农业竞争力不强等问题更加凸显，已经到了必须更加依靠科技实现创新驱动、内生增长的历史新阶段。因此，在新一轮科技革命和产业革命兴起背景下，我国更需强化农业科技创新驱动作用，加速生物技术、信息技术和材料科学在农业领域的交叉融合，引领农业发展方式发生深刻变革，推动农业向可持续、高效、安全的方向发展。

立足国内实现基本自给，并充分利用国际资源和市场。粮食是安天下的战略产业，解决好近 14 亿人的吃饭问题始终是治国安邦的头等大事。粮食问题不只是经济问题，还是政治和战略问题，中国人的饭碗不能端在别人手里。因此，一方面，必须坚定不移地实施"以我为主、立足国内、确保产能、适度进口、科技支撑"的国家粮食安全新战略，确保"谷物基本自给、口粮绝对安全"等战略底线；另一方面，也要充分利用国际资源与市场，加强农产品进出口调控，有效缓解国内农业资源环境压力，保障国内供应与市场平稳运行。

参 考 文 献

[1] FAO. The state of food insecurity in the world 2013-the multiple dimensions of food security[EB/OL]. http://www.fao.org/3/a-i3434e.pdf[2019-11-06].

[2] FAO. The future of food and agriculture: trends and challenges[EB/OL]. http://www.fao.org/3/a-i6583e.pdf[2017-02-22].

[3] FAO 生产数据[EB/OL]. http://www.fao.org/faostat/en/#data/[2018-12-22].

[4] 倪洪兴, 叶安平. 美国农业国际竞争力与贸易政策分析[J]. 中国党政干部论坛, 2018, (1): 91-94.

[5] USDA. The United States warehouse act[EB/OL]. http://www.ams.usda.gov/rules-regulations/uswa[2018-12-22].

[6] 韩伟. 美国现代农业的主要特点[J]. 当代世界, 2011, (4): 56-57.

[7] USDA. Implementation of the United States Warehouse Act[EB/OL]. https://

www.gpo.gov/fdsys/pkg/FR-2002-08-05/pdf/02-19617.pdf[2002-08-05].

[8] 张昌彩. 国外粮食储备管理及其对我国的启示[J]. 经济研究参考, 2004, (24): 33-43.

[9] 章世明. 中美农业推广模式比较研究[D]. 南京农业大学硕士学位论文, 2011.

[10] 魏燕茹. 美国农业院校"教学、科研、推广"三位一体教育体系研究[J]. 世界农业, 2015, (9): 222-226.

[11] National Academies of Sciences, Engineering, and Medicine. Science breakthroughs to advance food and agricultural research by 2030[EB/OL]. http://www.doc88.com/p-1731725766897.html[2019-04-09].

[12] USDA. 2015 Explanatory notes National Institute of Food and Agriculture [EB/OL]. https://www.obpa.usda.gov/19nifa2015notes.pdf[2018-12-22].

[13] Toole A. Public-private partnerships create opportunities to enhance the agricultural research system[EB/OL]. https://www.ers.usda.gov/amber-waves/ 2013/november/public-private-partnerships-create-opportunities-to-enhance-th e-agricultural-research-system/[2018-12-22].

[14] Agriculture and food research initiative[EB/OL]. https://nifa.usda.gov/program/ agriculture-and-food-research-initiative-afri[2018-12-25].

[15] National plant genome initiative five-year plan: 2014-2018[EB/OL]. https:// nifa.usda.gov/sites/default/files/resources/plant_genome_init.pdf[2014-05-22].

[16] Office of the Chief Scientist. USDA roadmap for plant breeding[EB/OL]. https://www.usda.gov/sites/default/files/documents/usda-roadmap-plant-breedi ng.pdf[2015-03-11].

[17] USDA. National program 301: plant genetic resources, genomics, and genetic improvement[EB/OL]. https://www.ars.usda.gov/ARSUserFiles/np301/NP%

20301% 20Action%20Plan%202018-2022%20FINAL.pdf[2018-12-22].

[18] 麦克米尼米 M A, 黄昕炎, 王丹, 等. 美国新农业法案下的农产品出口促销项目[J]. 世界农业, 2018, 469(5): 68-72.

[19] 方章伟. 美国、日本农产品贸易促进法律及政策分析[J]. 世界农业, 2016, (3): 101-103.

[20] 娄昭, 徐忠, 张磊. 巴西农业发展特点及经验借鉴[J]. 世界农业, 2011, (5): 80-82, 98.

[21] OECD. Overview of the OECD-FAO agricultural outlook 2015-2024[EB/OL]. https://www.oecd-ilibrary.org/agriculture-and-food/oecd-fao-agricultural-outlook-2015/overview-of-the-oecd-fao-agricultural-outlook-2015-2024_agr_outlook-2015-4-en[2015-07-01].

[22] ISAAA. 2016 年全球生物技术/转基因作物商业化发展态势[J]. 中国生物工程杂志, 2017, (4): 1-8.

[23] 翟雪玲, 赵长保. 巴西工业化、城市化与农业现代化的关系及启示[J]. 上海农村经济, 2007, (2): 39-43.

[24] OECD. Brazil agriculture policy review[EB/OL]. http://ageconsearch.umn.edu/bitstream/52068/2/brazil_e.pdf[2019-11-06].

[25] 朱英刚. 巴西的农业政策与金融支持[J]. 农业发展与金融, 2003, (5): 40-41.

[26] Correa P, Schmidt C. Public research organizations and agricultural development in Brazil: how did Embrapa get it right?[EB/OL]. http://documents.worldbank.org/curated/en/156191468236982040/pdf/884900BRI0EP1450Box385225B000PUBLIC0.pdf[2014-06-01].

[27] Maurício A L. The Brazilian agricultural research for development(ARD) system[EB/OL]. https://www.oecd-ilibrary.org/agriculture-and-food/improving-

agricultural-knowledge-and-innovation-systems/the-brazilian-agricultural-research-for-development-ard-system_9789264167445-27-en[2012-02-13].

[28] Philip G P, Connie C-K, Steven P D, et al. Agricultural R&D is on the move[J]. Nature, 2016, (7620): 301-303.

[29] 杨瑞珍. 巴西现代农业的发展及其对我国的启示[J]. 中国农业资源与区划, 2008, (5): 76-79.

[30] 孙亮, 商蕾. 巴西农业发展及其现代化[J]. 世界农业, 2014, (5): 160-162.

[31] MAFF. Annual report on food, agriculture and rural areas in Japan FY2017(Summary)[EB/OL]. http://www.maff.go.jp/e/data/publish/attach/pdf/index- 93.pdf[2018-10-22].

[32] 高强, 孔祥智. 农业科技创新与技术推广体系研究: 日本经验及对中国的启示[J]. 世界农业, 2012, (8): 9-16.

[33] 顾卫兵, 蒋丽丽, 袁春新, 等. 日本、荷兰农业科技创新体系典型经验对南通市的启示[J]. 江苏农业科学, 2017, (18): 307-313.

[34] 钟致东. 日本农业领域生物技术的研究开发与应用[J]. 全球科技经济瞭望, 2009, 24(3): 53-61.

[35] 内阁府. 第五期科学技术基本计划(2016-2020)[EB/OL]. http://www8.cao.go.jp/cstp/kihonkeikaku/index5.html[2018-10-22].

[36] 日本制定 AI 产业化路线图: 3 年左右确立无人工厂农场技术[EB/OL]. http://mt.sohu.com/20170306/n482513491.shtml[2018-10-22].

[37] 朱继东. 日本海外农业战略的经验及启示——基于中国海外农业投资现状分析[J]. 世界农业, 2014, (6): 122-125.

[38] 谭明. 以色列农业发展战略对广西的启示[J]. 广西农学报, 2009, 24(6): 99-102.

[39] 宗会来. 以色列发展现代农业的经验[J]. 世界农业, 2016, (11): 136-143.

[40] 陆海波, 李国杰, 肖珂. 希伯来大学农学院支持以色列农业科技创新的经验[J]. 世界农业, 2011, (8): 76-79.

[41] 张传超, 左合余. 以色列农业现代化及对中国农业发展的启示[J]. 黑龙江科技信息, 2013, (19): 275.

[42] 蔡素星, 张伟利. 以色列农民合作社"莫沙夫"的政府支持体系及经验借鉴[J]. 南方农业, 2013, 7(8): 71-74.

[43] 解安, 朱慧勇. 以色列莫沙夫: 农业合作化的创新实践[J]. 黑龙江社会科学, 2016, (4): 72-76.

[44] 苏玉军. 以色列农业合作社对中国农业合作经济组织的启示[J]. 科技致富向导, 2012, (31): 24.

[45] Overview of CAP reform 2014-2020[EB/OL]. https://ec.europa.eu/ agriculture/ sites/agriculture/files/policy-perspectives/policy-briefs/05_en.pdf[2013-12-23].

[46] 罗超烈, 曾福生. 欧盟共同农业政策的演变与经验分析[J]. 世界农业, 2015, (4): 69-72, 76.

[47] 马红坤, 曹原, 毛世平. 欧盟共同农业政策的绿色转型轨迹及其对我国政策改革的镜鉴[J]. 农村经济, 2019, (3): 135-144.

[48] Horizon 2020-work programme 2014-2015[EB/OL]. http://ec.europa.eu/ research/participants/data/ref/h2020/wp/2014_2015/main/h2020-wp1415-food_ en.pdf[2015-04-17].

[49] Agriculture-innovation 2025: des orientations pour une agriculture innovante et durable[EB/OL]. http://www.enseignementsup-recherche.gouv.fr/cid94668/ agriculture-innovation-2025-des-orientations-pour-une-agriculture-innovante-et- durable.html[2015-10-22].

[50] Teagasc technology foresight 2035[EB/OL]. https://www.teagasc.ie/media/website/ publications/2016/Teagasc-Technology-Foresight-Report-2035.pdf[2016-03-22].

[51] Research in agriculture and food security strategic framework[EB/OL]. https://bbsrc.ukri.org/documents/agriculture-food-security-strategic-framework-pdf/[2017-07-27].

[52] 余志刚. 国外粮食宏观调控的经验及对中国的启示[J]. 世界农业, 2012, (7): 40-44.

[53] 唐为民. 欧盟成员国的粮食流通[J]. 四川粮油科技, 2003, (4): 2-6.

[54] 王广深, 侯石安. 欧盟农业生态补贴政策的经验及启示[J]. 资源与人居环境, 2010, (8): 54-56.

[55] 刘文月, 孙定东. 农业合作社的建立与农民利益关系的研究——欧盟农业合作社的建立及其启示[J]. 经济研究导刊, 2013, (21): 44-46.

[56] 李先德, 孙致陆. 法国农业合作社发展及其对中国的启示[J]. 农业经济与管理, 2014, (2): 32-40, 52.

[57] 赵黎. 欧洲农业合作社的制度创新及其对中国的启示[J]. 农村经济, 2017, (11): 121-128.

[58] 刘永悦, 郭翔宇, 刘雨欣. 供应链集成视角下欧美农业合作社发展经验及对中国的启示[J]. 世界农业, 2016, (2): 42-45, 111.

第七章　促进"三链"融合维护粮食产业安全

　　党的十九大报告提出中国特色社会发展进入新时代①。我国经济已经由高速增长阶段转向高质量发展阶段，发展方式从规模速度型粗放增长向质量效率型集约增长转变，经济发展动力从传统数量扩张向依靠创新驱动增长转变[1]。

　　粮食产业经济在我国国民经济体系中占有很重要的地位。2017 年粮食工业总产值达 2.9 万亿元，占 GDP 的 3.6%，占第一产业比重为 45%，占第二产业比重为 12%。具体见图 7-1。如何推动粮食产业高质量发展，在更高水平上保障国家粮食安全？综合我国资源禀赋、产业基础、战略需求，依托产业链布局创新链，依靠创新链提升价值链，并不断促进"三链"融合是一条重要途径。也就是说，要以科技创新为牵引，促进粮食产业在业态、模式、技术、产品方面发生一系列变化，促进延伸产业链，强化创新链，提升价值链。

图 7-1　粮食产业经济发展及其在国民经济中的比重走势
资料来源：2017 年粮食行业统计资料；2018 年中国统计年鉴

---

① http://sh.people.com.cn/n2/2018/0313/c134768-31338145.html。

第一节　"三链"融合提出的背景

一、总体国家安全观与粮食安全战略需求

进入新时代，我国保障粮食安全的战略任务更加严峻，面临的国内、国际挑战和考验不断加重。从国内看，粮食供求总体紧张的局面长期存在，短期内的结构性供过于求与供给不足成为突出矛盾，粮食产业高质量发展还任重道远，更加稳固的粮食安全保障体系有待进一步完善，粮食安全战略的内涵有了新的变化。从国际上看，粮食国际贸易格局变化深度影响我国粮食安全，适度进口的粮食安全策略不时遭到挑战。

随着我国开放程度的提高，我国粮食安全保障能力深受国际环境影响，中国作为世界粮食生产大国、消费大国和贸易大国，世界粮食贸易格局的变动直接冲击着国内粮食市场变化，进而影响国内粮食产业发展和粮食安全水平。"十三五"以来，我们面临的世界粮食贸易形势更为严峻，大国利益关系日益紧张，特别是中美贸易摩擦不断升级的背景下粮食贸易成为焦点问题之一，大豆、玉米、大米、小麦和杂粮等粮食品种均受不同程度的影响，这对维护我国粮食安全带来严重挑战。

二、小康社会下的美好生活和优质健康需求

新时代下的主要社会矛盾的转变要求粮食产业发展从数量增长转变为质量增长，居民对优质、健康、绿色粮油产品的消费需求更加强烈[2]，这也成为粮食产业转型发展的内在动力。基于此，需要粮食产业不断延伸产业链、加强创新链、提升价值链，在依靠科技增强内在发展动能的同时创造出更多优质粮油产品，这就需要加强产品研发，开展技术创新和产品创新，不断提升产品附加值。

三、供给侧结构性改革的提质增效需求

当前粮食供求的突出问题表现为阶段性供过于求和供给不足并存，供给侧结构性改革就是要优化经济结构，优化要素资源配置，推动经济发展实现高质量增长。所以，推进农业供给侧结构性改革是当前和今后一个时期"三农"工作的主线，这对粮食产业发展提出的新挑战包括：如何改善产品质量满足居民对粮食消费的新需求？如何借助"三链"融合促进产业升级实现提质增效、转型发展？如何依靠科技创新实现新旧动能转换、实现粮食产业高质量发展？

但目前面临的粮食供需结构不匹配的状况仍然没有改变；粮食产业传统动能尚未转变，依靠科技创新驱动的发展模式还未形成；优质优价、优收优储的粮食流通体制尚未建立；现代企业制度和现代粮食产业体系任重道远[3]。基于此，在粮食产业发展方向上需要坚持供给侧结构性改革为主线，着力补齐制约粮食行业发展的突出短板，优化技术、资源和人才配置，促进粮食产业结构优化升级，加快建立以市场化、高质量和创新驱动为典型特征的粮食产业发展模式，推动质量变革、效率变革，提升产业市场竞争力。

四、乡村振兴战略的产业融合需求

党的十九大报告提出，"实施乡村振兴战略""坚持农业农村优先发展""建立健全城乡融合发展体制机制和政策体系，加快推进农业农村现代化"①。这是党中央着眼于推进"四化同步"、城乡一体化发展和全面建成小康社会做出的重大战略决策，为未来我国粮食工作发展指明了方向。粮食是农村的重要产业，实现乡村振兴需要大力发展粮食产业经济，依靠加工实现产业兴旺、产业融合。第一，粮食产业要向上游延伸产业链，提升为农服务水平，加快产后服务体系建设，满足新形势下的农民售粮需求。第二，提升价值链，大力发展粮食产业经济，促进第一、第二、第三产业融合发展，实现乡村产

---

① http://sh.people.com.cn/n2/2018/0313/c134768-31338145.html。

业兴旺。第三，强化科技支撑和创新链，创新粮食经营机制、管理模式、技术水平和产品研发，实现产业融合发展，为保障区域粮食安全做出新的贡献。

第二节　粮食产业"三链"融合现状、问题与潜力

一、粮食产业链延伸现状

粮食产业链一般是指粮食生产、储运、加工、销售的产业关联和产业增值过程，可以用"从田间到餐桌"来形容，它以延伸产业链条、完善利益机制为表征，以产业发展方式转变、质效提升为结果，通过新技术、新业态、新商业模式，推动粮食生产"从田间到餐桌"形成各环节无缝衔接、各主体和谐共生的良好产业生态。

当前粮食产业链已从初加工延伸至深加工，基本构建了相对健全的产业链条，其中稻谷的产业链条相对最短，小麦的产业链其次，玉米和大豆的产业链条最长。导致不同粮食品种产业链条长短不同的主要因素包括粮食品种的市场化程度、科技进步程度、产品增值幅度、消费需求强度等。

二、粮食价值链增值现状

所谓价值链，是指企业为了给消费者生产更有价值的产品或服务所开展的一系列创造价值活动的集成。在粮食产业经济发展中，产购储加销等相互关联环节或价值创造的过程构成了一个增值链条，即价值链。产业环节的关联性导致产生一种效应，即企业之间的竞争不只是某个环节的竞争，而是整个价值链条的一体化竞争，因此价值链的综合竞争力就直接决定企业的影响力和竞争力。根据国家粮食和物资储备局的统计数据，目前我国超过 70%的粮食加工企业从事粮油的初级加工，70%的成品粮油加工企业没有对副产物进行综合开发利用。我国粮食价值链增值收益远低于发达国家。美国农产品加

工转化率超过 85%，加工业与农业产值比例超过 4∶1。以稻谷为例，目前我国稻谷加工多数为初加工。为了使稻米产品能获得最大经济价值，根据产业组织理论，加工企业应沿着产品的价值链和供应链延伸企业的产业链，强化产品的深加工和副产物综合利用。根据每种延伸模式，可以计算出每一种延伸程度的产品价值，从而发现稻米加工产业链延伸的经济价值和发展模式。根据价值链增值情况分为以下三种模式。

（一）模式一：仅以加工大米为主要产品

根据当前稻米加工企业的普遍生产技术，1 吨稻谷可以产生 650～670 千克的大米，50 千克碎米，120 千克米糠，180 千克稻壳。以东北粳米为例，按照行业普遍的加工标准，价格按照 2015 年平均价格计算，2015 年东北粳米的平均价格为 4560 元/吨，碎米平均价格为 2600 元/吨，米糠 1600 元/吨，稻壳 450 元/吨。那么如果企业加工一吨大米可获得

1 吨稻谷总收益=大米收益+碎米收益+米糠收益+稻壳收益=3367 元/吨

这是 2015 年稻米加工行业绝大多数加工企业所普遍采用的加工稻谷出售大米的模式，此时产业链条没有任何延伸，链条最短。根据调研所知，这种模式下企业的平均利润是 0.04～0.05 元/斤，这种极低的利润现状严重制约了行业的发展。

（二）模式二：产业链延伸至碎米深加工

这一模式是在上述初加工的基础上，对碎米进行综合利用和深加工。根据目前成熟的技术和发展方式，碎米可以提炼米淀粉、蛋白粉以及生产米蛋白饮料。在行业普遍加工工艺情况下，2015 年一吨碎米的市场价格为 2600 元，一吨碎米可提炼 600～700 千克米淀粉，每吨价格 1.3 万元；同时提炼 30～50 千克蛋白粉，每吨价格 3 万元，可同时再生产米蛋白饮料 4 吨，价值 4.8 万元，

共计3917元/吨。这种模式下,产业链条得以延伸,但还未延伸至副产物,因此并未达到最大程度的增值收益。

1吨稻谷总收益=大米收益+米淀粉收益+蛋白粉收益+米蛋白饮料收益
+米糠收益+稻壳收益
=3917元/吨

(三)模式三:产业链延伸至米糠深加工

这一模式是在碎米深加工的基础上,对米糠进行深加工。按照当前通行的加工模式和产品结构,米糠可以提炼米糠油,同时产生米糠粕饼。米糠的通常出油率在16%。米糠出油后米糠粕可利用率大概有80%。2015年毛米糠油的价格最低在4900元/吨,米糠粕一般是1380元/吨。这种模式下,加工企业可以获得总计3958.2元/吨的总产值。此时,产业链得以延伸至副产品,加工企业的收益在三种模式中最大。这种模式下的加工企业收益公式为

1吨稻谷总收益=大米收益+米淀粉收益+蛋白粉收益+米蛋白饮料收益
+米糠油收益+米糠粕收益+稻壳收益
=3958.2元/吨

综合比较,三种不同产业链延伸模式下的产品收益情况见表7-1。

为了深入分析不同产业模式的成本收益,接下来以北京古船米业的调研数据为例进行分析。根据调研数据,2015年北京古船米业的西北郊加工厂的年稻米加工量为16万吨,产出大米12万吨,加工副产物1.65万吨,其中稻壳1万吨。加工成本主要包括主营业务成本(原料成本、管理费用和固定资产折旧等)、研发投入、税费支出、节能减排支出和电耗等,折合成每吨米的成本为3251.01元。根据上文测算的每一种产业链模式的收益情况,计算出各模式的成本收益情况以及利润率(表7-2)。

表 7-1　不同产业链延伸模式下产品收益对比

模式一	产品类型	稻谷	大米	碎米	米糠	稻壳	合计
	产出率	100%	65%	5%	12%	18%	
	产量/千克	1 000	650	50	120	180	
	单价/（元/吨）	2 886	4 560	2 600	1 600	450	
	价值/元		2 964	130	192	81	3 367

模式二	产品类型	稻谷	大米	米淀粉	蛋白粉	米蛋白饮料	米糠	稻壳	合计
	产量/千克	1 000	650	35	2.5	12.5	120	18	
	单价/（元/吨）	2 886	4 560	13 000	30 000	12 000	1 600	180	
	价值/元		2 964	455	75	150	192	81	3 917

模式三	产品类型	稻谷	大米	米淀粉	蛋白粉	米蛋白饮料	米糠油	米糠粕	稻壳	合计
	产量/千克	1 000	650	35	2.5	12.5	19.2	100.8	18	
	单价/（元/吨）	2 886	4 560	13 000	30 000	12 000	4 900	1 380	180	
	价值/元		2 964	455	75	150	94.1	139.1	81	3 958.2

注：稻谷的出米率按 65%计算；米蛋白饮料按照 1∶16 可做成 400 千克；米糠的出油率按 16%计算；上述计算不考虑损失浪费因素

　　计算结果表明，模式一的成本收益率最低，仅有 3.42%，表明这种加工模式的企业盈利空间相当有限，调研发现，2015 年东北主产区的吉林省稻米加工企业的平均利润仅为 80～100 元/吨，这与表 7-2 计算的 114.99 元/吨的利润基本接近。但如果将产业链进行延伸和拓展，在模式二的情况下每吨收益为 664.99 元，利润率达到 16.98%，模式三的收益则增至 707.19 元。上述结果表明，在产业链延伸和副产物综合利用的情况下，加工企业的收益将大幅上升，利润率也明显提升。

表 7-2 不同产业模式下的成本收益测算

产业模式	成本类型	主营业务成本	研发投入	税费支出	节能减排支出	吨米电耗	收益/（元/吨）	利润/（元/吨）
模式一	总成本/万元	51 000	150	325	70	0.003	—	—
模式一	单位成本/（元/吨）	3 187.5	9.375	20.31	4.375	30.45	3 367	114.99（3.42%）
模式二	单位总成本/（元/吨）	—	—	—	—	3 252.01	3 917	664.99（16.98%）
模式三	单位总成本/（元/吨）	—	—	—	—	3 252.01	3 958.2	707.19（17.87%）

注：北京古船米业 2015 年度加工稻谷 16 万吨，增值税税率按 13%计算，北京商业用电为 0.8637 元/度，括号内数字为利润率

我国每年仅稻米的副产品就高达 4500 万吨，这其中包括碎米和抛光粉 500 万吨，米糠 1000 万吨、稻壳 3000 万吨。单从制油上说，印度稻米油已达近 90 万吨，我国还不足 30 万吨，稻壳发电及综合利用只占 30%，每年还有几千万吨的稻壳直接烧毁。据测算，中国年产稻谷 2 亿吨以上，可产出 2000 万吨米糠，可提取 3000 万吨米糠毛油，200 多万吨精炼稻米油，折合成大豆的话，是 1100 万吨左右大豆的产油量。如果全国的稻壳都作为燃料使用，可实现替代 2000 万吨标准煤，还可以产生 200 亿千瓦时，同时减少燃煤发电产生的 30 万吨二氧化硫。因此，提高副产物的综合利用和深加工水平，这是在"不与粮争地"的情况下，提高国内食用油自给率的最有效途径之一，还能有效地促进节能减排和保护环境。

三、粮食创新链发展现状

创新链是指粮食科技从立项、产品研发、小试、中试再到成果转化的过程，反映知识、技术等要素在整个产品创新和技术创新过程中的流动、转化

和增值放大效应。创新链的核心是技术创新，技术创新驱动了产品升级，延伸了产业链条，提升了产品附加值和增值空间，满足了消费新需求，带来经济社会效益的扩大。

"十三五"以来，我国粮食科技创新取了明显进展。2013～2015年仅公益性行业科研专项累计中央财政预算投入5.24亿元[4]。2016年粮食企业研发投入98.6亿元，同比增长21.6%，获得专利2564件。粮食储藏应用技术已达到国际领先水平，粮油加工工艺、装备已达到或接近世界先进水平，粮食物流技术与装备等取得重大进展，全谷物营养健康食品实现了产业化。

但是，粮食产业经济整体的科研贡献率仍然偏低，科技创新水平还有较大潜力。全国粮食行业研发经费占销售收入的比重仍不足0.5%。缺少研发平台和技术人才，工艺装备落后，新产品开发滞后，发展后劲不足等，是中小粮油企业普遍面临的问题。

四、粮食"三链"融合存在问题

整体而言，我国粮食产业链条短，价值链增值程度低，创新强度不足仍然是制约粮食产业经济发展的重要瓶颈。创新投入少、能力弱、产品附加值低是当前粮食产业经济发展中最突出的结构性矛盾之一。我国粮食产业"三链"融合存在的主要问题，一是我国粮食产业普遍存在企业规模小、产业链条短、产品结构单一、市场集中度低、研究开发投入不足、进入壁垒低、产业组织化程度较低及增值幅度低等问题。二是粮食科技创新投入少、创新能力弱、附加值低。目前粮食行业的平均研发费用占销售收入的比重不足0.5%，这一比重不仅远低于发达国家2%～3%的平均水平，也低于一些发展中国家如印度的投入水平。三是产品附加值低与粮食资源浪费并存。目前，我国稻谷加工的大米成品率为65%，由于多次抛光等原因，出米率明显偏低。小麦加工的面粉率仅为75%，且地区差异大，同品种面粉出粉率相差3%～4%。稻米、小麦等可食粮食资源的损失率在 5%左右[5]。此外，我国粮食加工增值转化幅度远低于发达国家，发达国家粮食加工转化增值比为 1∶7，而我国仅为 1∶1，粮食产业链延伸、价值链提升、创新链发展仍有较大发展空间。

第三节 "三链"融合典型案例分析

为更好地梳理和总结"三链"融合发展路径、基本经验，本节选取小麦、玉米和稻谷三大主粮产业发展的典型案例，挖掘"三链"融合内生机制，构建粮食产业发展新模式、新业态、新路径，提出推动我国粮食产业"三链"融合，维护粮食产业安全的有益启示。根据粮食产业科技创新能力、产业链延伸程度和价值链增值幅度，选取河南鹤壁中鹤集团、山东滨州西王集团、江苏苏垦农发分别作为小麦产业、玉米产业和稻米产业"三链"融合的典型案例进行分析。

一、中鹤集团小麦产业"三链"融合模式

中鹤集团，全称是河南中鹤现代农业开发集团有限公司，位于河南省鹤壁市，是一家涉及农业开发、集约化种养、粮食收储与粮油贸易、小麦加工、玉米加工、豆制品加工、零售业、环保与能源等产业的大型农业产业化国家重点龙头企业。从 2005 年开始，该企业通过技术创新实现粮食产业链延伸、价值链提升，推动了当地农业现代化、信息化、城镇化与工业化的融合发展。本书将其典型发展模式归纳为"中鹤模式"。

中鹤集团在粮食加工方面以小麦产业为主，"中鹤模式"的内涵可以概括为：①以科技为先导构建创新链推动粮食加工产业升级；②以发展全产业链模式为基础推动现代粮食加工产业链延伸；③以信息化为平台融合科技创新提升产品质量与附加值；④以城镇化为重要消费和服务市场带动科技转化

与粮食消费，从而形成了工业化、农业现代化、信息化、城镇化"四化同步"的产业升级和经济效益增长双赢的局面，其在"三链"融合方面的主要做法包括以下几个方面。

（一）以创新链为引领集中发展现代粮食产业

中鹤集团以信息化、机械化打造现代农业，将传统分散的农业作业方式高度集约化、规模化、标准化，打造"从田间到餐桌全产业链"的食品安全保障体系，其现代农业的发展模式可以用"农牧结合、种养加结合"的生态循环模式概括，这种模式的优点是促进了资源节约型、环境友好型、绿色生态型现代农业发展。中鹤集团的现代化农业主要体现在规模化农业生产，包括规模化小麦种植、青储玉米种植和大豆种植。中鹤集团的新型农业现代化，采取"公司+合作社+家庭农场"的模式经营管理，实行统一耕作、统一供种、统一灌溉、统一施肥、统一植保、统一收割的"六统一"作业。经过不断的实践探索，该公司形成了"农牧结合、种养加结合"的生态循环农业发展方式。

为提高农业的规模化、信息化和机械化，该集团从 2010 年起打造了"全方位立体化"的"互联网+"平台，通过建立"星陆双基"系统和物联网系统，将卫星遥感与地面传感、无线通信进行有效结合，实现农业生态环境参数的实时、动态和连续监测，并通过对通信网、互联网、物联网与卫星通信网的四网技术融合，可以及时掌握各农机设备的分布以及作业情况，在解决本区域信息化作业的同时，也满足了对农机跨区作业的科学引导、合理有序调度。

在管理模式创新方面，中鹤集团根据现代农业发展方向和市场消费需求，改变了以往的小麦、玉米轮作的种植结构，实行小麦-青储玉米和小麦-大豆的种植结构（减玉米增大豆、粮改饲），这样不仅提高了粮食的整体收益，还降低了玉米库存压力，改籽粒玉米为青储玉米的方式发展畜牧养殖业，调整种植结构，进行粮改饲，种养加结合发展畜牧养殖，丰富了粮食产业经济的内涵，创造了多个赢利点。这一模式的重要启示就是，优化粮食种植结构，要侧重从供给端发力，围绕市场安排要素生产，扩大有效供给，提高有效供给水平，实现了粮食供求由低水平均衡向高水平均衡的跃升。在此过程，中鹤集团实现了农产品供给和粮食安全、农产品质量和食品安全、资源环境和生态安全、农业竞争力和产业安全四个方面的协调。

（二）构建收储加销运一体化产业体系实现产业链延伸

中鹤集团在新型工业化方面，通过企业向工业园区集中的方式，通过发展设施农业和粮食加工业，构建了循环、绿色和多功能的产业链，实现了产、供、储、加、销一体化发展。在中鹤粮食精深加工产业园区内，集中布局了农产品加工企业、仓储物流企业等。园区规划面积 8700 亩，目前已建成 3000 亩，形成了农产品加工和农产品仓储物流两大功能区。加工园区一期项目可加工转化 45 万吨玉米、30 万吨小麦，粮食仓储物流区拥有70 万吨的仓储能力，基本形成了以小麦、玉米为主的产业集群。二期项目建成后园区内将可实现年加工转化小麦 120 万吨、玉米 60 万吨，物流园区增加到 100 万吨仓储能力，并依托 9 公里（1 公里=1 千米）的铁路专用线形成粮食仓储物流港。

中鹤粮食精深加工产业园区自 2009 年成立以来，凭借优良的区域优势和原料优势，由玉米深加工向小麦精深加工拓展转变，下属企业也由淇雪淀粉一家企业增加到中鹤纯净粉业、中鹤营养面业、中鹤谷朊粉公司等多家粮食加工企业。产品种类也实现了从玉米淀粉拓展到玉米蛋白粉、谷朊粉、小麦淀粉、小麦专用粉、糖果、营养调理挂面、麦芽糊精、速冻食品等八大类20 多个品种（表 7-3）。

表 7-3　中鹤粮食精深加工产业园区 2017 年加工产能情况

加工类型	加工产品种类	年产能	产业链	产业方向
小麦加工	专用粉	23 万吨	小麦—专用粉—营养面—休闲食品	小麦副产品（麸皮）深加工，开发膳食纤维、戊聚糖等系列制药级产品，发展小麦生物发酵工程
	淀粉、谷朊粉	15 万吨		
	营养调理挂面	10 万吨		
	速冻食品	10 万吨		
	保鲜馒头	9900 万个		
玉米加工	淀粉	15 万吨	玉米—淀粉—淀粉糖—淀粉糖醇—高附加值生物发酵类产品的产业链	生物发酵产品工程，年产 1 万吨玉米 VC（Vitamin C，维生素 C）项目，年产 3 万吨优质玉米油项目
	麦芽糖浆	8 万吨		
	麦芽糊精	5 万吨		
大豆加工	油脂	30 万吨	大豆原料—豆制品（油脂）加工、压榨—饲料加工产业链	饲料加工项目
	腐竹	1 万吨		

（三）依靠产业融合与技术创新推动小麦加工价值链提升

产业融合和循环发展的举措有力促进了规模化生产，极大节约了交易成本，创造了多个经济增长点。中鹤集团通过调整农业种植结构，优化产业结构，采取种养加一体化的方式积极发展以粮食为主链条的产业经济，拥有完整的玉米、小麦、豆制品加工产业链，产业链之间形成的链条互补有效节约了物料的投入，实现了资源的循环再利用，也实现了粮食产业的转化增值，完成了从单一型产业经济向综合型循环产业经济的转变，形成了企业的可持续发展能力和核心竞争力。在农业经营方面，通过优化农业产业结构和种植结构，发展规模经济。针对籽用玉米难以实行全程机械化的难题，流转后的耕地改变传统的小麦、玉米季节轮作的方式，改籽用玉米种植为青储玉米种植，实现了小麦、青储玉米的全程机械化。

依托校企合作，中鹤采取玉米湿磨生产工艺、谷朊粉三相涡轮分离生产工艺及全麦粉生产工艺，提高了生产效率，保障了产品品质，从而为占领市场和品牌建设奠定了坚实基础。中鹤旗下的营养面粉公司，拥有国内先进的挂面全自动生产线，形成了与细分市场需求对接的挂面系列产品，如鸡蛋系列、蔬菜系列、杂粮系列的挂面等200个品种，有助于满足市场多元化的消费需求。在生产环节，加大育种环节的科技投入，引进高产、优质、市场价值高的粮食和畜禽品种，实行种养加结合，生产和观光一体化经营的方式确保原料安全；借助循环经济模式，使用有机肥还田和麦豆轮作确保土壤地力可持续。在加工环节，积极研发新产品，引用新技术，大力发展粮食精深加工；在仓储环节，以高于国家储粮标准的技术要求对粮源进行严格保管；在物流环节，使用物联网技术和可追溯体系确保产品质量安全。农业生产提供优质食品和工业原料，深加工实现原粮产品的丰富化生产，物流配送和新城建设实现了"从田间到餐桌"食品安全，第一、第二、第三产业有机融合，要素循环利用。通过"接二连三"，提升了产品附加值。

二、西王集团玉米产业"三链"融合模式

西王集团是一家位于山东省滨州市的玉米深加工企业，年加工300万吨玉米，在玉米产业方面有玉米油、结晶果糖、药用无水葡萄糖、一水葡萄糖等系列高端淀粉糖等玉米深加工产品，特别是果糖类产品打破了美国、日本等少数国家对结晶果糖生产的垄断，年产淀粉糖185万吨，果糖等销往多个国家。企业拥有目前亚洲最大的玉米油、无水葡萄糖、麦芽糊精、食用葡萄糖等生产规模，企业有5个药品的批准文号，产品广泛应用于医药、发酵、化工、食品、饲料等行业，其中无水葡萄糖国内市场占有率达到87%，食用葡萄糖等主导产品出口亚、欧、非、南美等30多个国家和地区。

（一）科技支撑实现玉米深加工高端产品引领

西王集团通过引进高素质、高学历"双高"人才，注重实用"管理型+经验型"干部，吸纳了来自国内外的上百名博士硕士、三百多名高级营销管理人才到企业任职，目前西王集团 80%以上为大中专毕业生，每年以销售收入 3%以上的资金投入科技研发，为产品高端化提供助力。目前西王集团拥有上百项自主知识产权。其中，结晶果糖生产关键技术通过了省部级科技成果鉴定，并且有 2 项国家 863 计划；获得国家授权专利达 200 余项，主持和参与制修订国家标准和行业标准 10 多个。

（二）循环经济推动玉米产业发展模式创新

西王集团年加工玉米 300 万吨，年产钢材 300 万吨，玉米深加工要消耗蒸汽，排出废水，而炼钢主要消耗电、水，产生大量余热和蒸汽。基于两大产业的需求，西王集团食品和特钢两个产业板块，通过科技手段，将水、电、汽联结到一起，实现轻重工业的循环经济。

依托于博士后科研工作站和国家级企业技术中心，西王集团玉米深加工实现了从初级产品玉米加工到葡萄糖、麦芽糊精加工，再到药用级无水葡萄糖和结晶果糖等高新产品深加工的升级转变。在对副产物的深加工方面，开发量产了玉米胚芽油和保健玉米油等高附加值产品。西王集团的粮食产业发展尊重市场运行规律，注重培育典型示范企业；推行循环经济，融合发展第一、第二、第三产业；大力提升科技创新能力，引领市场高端品牌。

（三）科技创新强化发展动能，引领高端品牌

从企业的实践来看，实施科技兴粮、人才兴粮战略是企业发展的基点，以社会科学为产业经济发展的理论依据，以自然科学为引领粮食市场的技术支撑，改造传统粮食产业，注入科技新活力，创立粮食优质、高端品牌，这

为同行业企业提供了参考。西王集团每年以销售收入 3%以上的资金投入科技研发，为产品高端化提供助力。同时，企业非常重视"产—研—企"结合，促进科技成果转化，生产引领市场的优质产品。西王集团依托于博士后科研工作站，引领了高端品牌和健康消费需求。

依靠科技研发、科研平台、产品升级、管理创新等创新链的构建增强了企业和产品竞争力，提升了产品的科技含量和质量内涵。

三、苏垦农发稻米产业"三链"融合模式

江苏省农垦农业发展股份有限公司（简称苏垦农发）是农作物种植、良种育繁、农产品加工及销售全产业链规模化的国有大型企业。苏垦农发旗下拥有三家全资子公司，分别为江苏省大华种业集团有限公司、江苏省农垦米业集团有限公司和江苏苏垦物流有限公司，还有 19 家分公司，其规模化种植及产量水平在稻麦种植领域居于全国农垦企业前列。江苏农垦人均管理麦稻生产面积 200～300 亩，单产水平区域领先，人均产粮 300 吨，达到世界先进水平；农业科技贡献率达 69%，主要农作物机械化水平达 98%，分别高出全国 11 个百分点、37 个百分点，基本达到发达国家的水平，成为名符其实的农业"国家队"。

（一）纵向一体化经营构建稻米全产业链模式

在稻米产业链延伸方面，苏垦农发加强农业生产中"良种与良法配套、农机与农艺结合"的实用新技术研究应用。统筹建设农业信息化基础平台，对农作物生产种植管理等进行动态监测与智能处理。建立相关农业科技信息数据库。搭建农业科技信息加工利用交互平台，为实现物联网技术在农业生产经营管理中的应用做准备。

（二）全程可追溯体系打造优质稻米价值链

苏垦农发建立了粮食全程质量追溯体系，对种植基地实行"六统一"管理，建成了"生产可记录、信息可查询、流向可追踪、责任可追究"的现代食品安全体系，全公司 19 个种植基地的农产品实现了追溯体系全覆盖，追溯面积达 72.6 万亩，成为全国面积最大的质量追溯区。凭借过硬的稻米产品质量，苏垦农发成为 2013 年第二届亚洲青年运动会、2014 年第二届夏季青年奥林匹克运动会运动员餐厅大米供应商，并取得了向南京市主城区中小学食堂供应大米的资格。苏垦米业严格而全面的可追溯系统管理"让真相变透明，让过程变清晰"，赢得了国内外市场，树立了品牌，赚到了信誉和口碑。目前，质量追溯已成为苏垦米业的核心竞争力并成为苏垦农发的新名片。

依靠建立可追溯体系，苏垦农发全力打造三大优质生产基地提升产品附加值，即优质种子基地、优质商品粮基地、优质果蔬基地。针对种业，苏垦农发加强稻、麦种子生产自繁能力和引进新品种，重点发展"两杂工程"（杂交水稻、杂交玉米）；通过构建"产品+服务"的价值营销模式，将经营产品、服务和品牌进行有机结合，创新盈利模式，最大限度实现价值链提升。

（三）注重科技支撑促进稻米产业创新发展

在全产业链经营过程中，苏垦农发注重先进技术的应用，注重与高等院校之间的合作交流，长期与南京财经大学、南京农业大学、江南大学、省农科院、佐竹机械（苏州）有限公司等进行科研合作。公司加工的水稻全部选用公司绿色食品水稻生产基地生产的优质稻谷，从水稻收获、收购、烘干、仓储、加工到销售，实现全过程不落地生产。广泛运用低温储粮、机械通风、粮情预警等先进的绿色、科学储粮技术，保证稻米品质统一和安全可控。构建了全程可追溯的管理体系，获得 ISO9001 国际质量管理体系、ISO14001 国际环境管理体系和食品安全管理体系（Hazard Analysis Critical Control Point，HACCP）认证。

2016 年苏垦农发被南京财经大学列为学校教学、实习和培训基地。多年来被美国、日本、印度、中国台湾地区等国家和地区的合资、独资企业如亨氏婴儿米粉、百威啤酒等指定为大米原料供应基地，部分大米加工产品出口到日本。

第四节　"三链"融合实施路径

创新是引领发展的第一动力，是建设现代化经济体系的战略支撑。促进粮食产业"三链"融合方面，必须依靠创新驱动，必须依托企业和科研院所的深度合作、协同创新等方式，在知识、技术、资金和人才培训等方面形成良性互动，优化资源配置效率、创新成果转移转化效能。通过构建创新链，提升成果附加值，推动粮食科技与产业经济的有机融合，实现国家粮食行业创新能力和产业竞争力的提升。

一、加强产学研合作，促进"三链"融合

发达国家的经验表明，开展产学研合作是推动实现"三链"融合的第一动力。开展产学研合作可以为高等院校、科研机构提供充足的研发资金，实现企业需求与科研院所有机结合，缩短科研成果转移转化的时间，对科研创新和产业发展同时起到推动作用。产学研合作可以有效推动高校等科研院所深化对企业发展、技术瓶颈、社会需求等迫切需要解决的现实科技问题的认识，从而提升了科学研究的针对性[6]。可减少企业在搜寻技术方面的成本和人员，避免不必要的科研投入和重复研究，缩短产品的研发周期，提升企业更快适应市场竞争的能力。

二、加强产品与品牌建设，促进"三链"融合

加强品牌建设是现代粮食产业发展的必由之路，同时也是提升粮油产品市场竞争力和附加值的重要举措。为促进粮食产业"三链"融合，一要积极谋划粮食品牌农业发展的顶层设计，制定品牌发展体系和规划。积极加强粮油产品品牌的发展规划，根据产品特点和区域分布进行分类、分层、分区的精准规划。立足资源禀赋和产业基础，做好特色文章，实现差异竞争。依托区域优势产品，整合资源强品牌，培育若干国际知名农产品品牌。二要加快推进产品标准化建设，为粮油品牌建设提供基础支撑。品牌是集中体现产品创新链、价值链的载体，其质量是品牌建设的根本，大力推进粮食品牌标准化，要加强质量标准体系、检测体系建设，推动"三链"融合发展。三要充分利用先进科技，打造新型粮油品牌产业链和价值链。通过鼓励粮油产业化龙头企业提升品牌运营、品牌宣传、品牌赋能等形式加快产业链延伸、附加值提升，推进企业内部要素整合优化，打造优质农产品品牌。

三、完善粮食科技研发投入和创新平台体系，促进"三链"融合

探索建立粮食科技创新基金，破解粮食产业价值链提升资金短缺问题。加强创新平台和创新体系建设，促进"三链"融合。在建好、用好现有科技创新平台的同时，积极完善和优化现有平台资源。探索科技创新平台与产业结合的新模式、新形式，促进平台与产业深入融合，不断提升平台在人才培养、成果转化和创新引领方面的突出作用。

参 考 文 献

[1] 张务锋. 坚持以高质量发展为目标 加快建设粮食产业强国[J]. 人民论坛, 2018, (25): 6-9.

[2] 张务锋. 抓好"粮头食尾"和"农头工尾"加快建设粮食产业强国[J]. 中

国经贸导刊, 2018, (25): 11-16.

[3] 张务锋. 着力提高国家粮食和物资储备安全保障水平[N]. 经济日报, 2018-12-20(14).

[4] 李福君, 聂常虹, 徐永安, 等. 科技兴粮 助力粮食产业转型升级高质量发展——辽宁、江苏、天津"科技兴粮"调研走访纪实[J]. 中国粮食经济, 2019, (1): 36-39.

[5] 李福君. 实施"优质粮食工程"推进粮食供给侧结构性改革的路径探究——以黑龙江省绥化市为例[J]. 中国粮食经济, 2017, (11): 53-55.

[6] 韩江波. 创新链与产业链融合研究——基于理论逻辑及其机制设计[J]. 技术经济与管理研究, 2017, (12): 32-36.

第八章　保障粮食安全的科技政策体系前瞻性设计

本章在综合评价我国粮食安全与科技投入产出效率的基础上，分析梳理了我国不同阶段的粮食科技政策体系发展趋势，设计了不同阶段保障我国粮食安全的科技政策路径，并研究提出未来保障粮食安全的科技政策取向和实施建议，提出进一步完善国家粮食种业科技创新体系的政策建议。

第一节　我国粮食科技投入产出效率评价

一、投入产出效率评价方法

DEA 是应用最为广泛的非参数前沿分析方法。DEA 适用于多投入、多产出系统的效率评价，主要优势在于数据的单位不需要统一以及可通过决策单元（decision making unit，DMU）求得最优权重等。

DEA 的研究对象为生产决策单元，其定义较为宽松，因此，该方法的适用范围十分广泛。传统生产函数界定的一般是单一的投入产出关系。在涉及多投入、多产出时，则需要构建生产技术集与距离函数。在选择投入产出指标时需遵循几个原则：一是投入产出指标必须是数值数据且都为正数；二是符合小投入、大产出的原则，由此计算出的效率才能反映实际情况；三是投入产出指标的度量单位可不完全一致，可是人员，也可是资金等。假设有 n 个决策单元、m 项投入及 s 项产出，决策单元分别以 $X=(x_{1j},x_{2j},\cdots,x_{mj})$ 和

$Y = (y_{1j}, y_{2j}, \cdots, y_{sj})$ 表示第 j 个决策单元的投入产出情况，X 是 $m \times n$ 矩阵，Y 是 $s \times n$ 矩阵，进而，可将生产技术集定义为 $S = \{(x, y) : x \text{生产} y\}$，产出集 $P(x) = \{y : x \text{生产} y\} = \{y : (x, y) \in S\}$ 和投入集 $L(x) = \{x : x \text{生产} y\} = \{x : (x, y) \in S\}$。

距离函数由瑞典经济学家 Sten Malmquist 于 1953 年提出，该函数刻画了决策单元实际生产与生产前沿面的径向差距，其函数值越小，表明生产效率越高。距离函数包括产出距离函数和投入距离函数，可分别定义为 $D_o(x, y) \inf \{\theta : (y / \theta) \in P(x)\}$ 和 $D_i(x, y) \sup \{\rho : (x / \rho) \in L(y)\}$，其中，o 和 i 分别表示产出导向和投入导向。

Sten Malmquist 也提出了 Malmquist 指数。Malmquist 指数用于评价一个决策单元的两个时间段之间的生产率变化，是一种比较静态分析，可由追赶效应和前沿面移动项进行定义。其中，追赶项涉及一个决策单元效率的改善或降低的程度，而前沿面移动项则反映两个时间段之间效率前沿的变化情况。假设在时期 1 和时期 2 内，有 n 组决策单元，分别为 $(x_i, y_j)(j = 1, \cdots, n)$。每组有 m 个投入，$x_j \in R^m$，q 个产出，$y_j \in R^q$，$x_j > 0, y_j > 0(\forall j)$，用 $(x_O, y_O)^1 = (x_O{}^1, y_O{}^1)$ 和 $(x_O, y_O)^2 = (x_O{}^2, y_O{}^2)$ 来分别代表决策单元 $O(O = 1, \cdots, n)$。用 $(x_j, y_j)^t$ 测度生产可能集 $(X, Y)^t (t = 1, 2)$ 为

$$(X, Y)^t = \left\{ (x, y) \middle| x \geq \sum_{j=1}^{n} \lambda_j x_j^t, 0 \leq y \leq \sum_{j=1}^{n} \lambda_j y_j^t, L \leq e\lambda \leq U, \lambda \geq 0 \right\}$$

其中，e 为所有元素为 1 的行向量，$\lambda \in R^n$ 为强度矢量，L 和 U 则为该强度的上界和下界。生产可能性集合 $(X, Y)^t$ 的特征是组成前沿的 $(x, y) \in (X, Y)^t$ 是不可能实现使它在不恶化其他投入或产出的情况下提高任何一个元素的投入 x 或产出 y 的，则将这样的集合称为 t 时期的前沿技术。

将从时期 1 到时期 2 的追赶效应定义为

$$追赶效应 = \frac{时期2的前沿效率(x_O,y_O)^2}{时期1的前沿效率(x_O,y_O)^1}$$

图 8-1 展示了技术追赶效应的原理。其中，追赶效应为 $\dfrac{BD}{BQ} \Big/ \dfrac{AC}{AP}$。若追

赶效应系数大于 1，则说明时期 2 相对时期 1 产生了进步，追赶效应系数等于

或者小于 1 则说明从时期 1 到时期 2 未产生变化或发生退步。

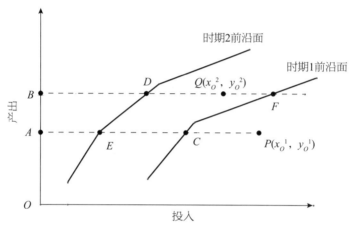

图 8-1　技术追赶效应原理

从图 8-1 中得出的前沿移动项从时期 1 的基准点 C 移动到时期 2 的点 E，

可得时期 1 的技术前沿变化为

$$\phi_1 = \frac{AC}{AE}$$

这个公式等价于

$$\phi_1 = \frac{AC/AP}{AE/AP} = \frac{DMU1在时期1的效率前沿}{DMU1在时期2的效率前沿}$$

类似地，第 2 个决策单元的技术前沿变化为

$$\phi_2 = \frac{BF/BQ}{BD/BQ} = \frac{\text{DMU2在时期1的效率前沿}}{\text{DMU2在时期2的效率前沿}}$$

求得以上两式的几何平均数，定义技术前沿效应：

$$\text{Frontier-shift} = \phi = \sqrt{\phi_1 \phi_2}$$

其中，$\phi_1 \phi_2 = \dfrac{AC}{AE} \dfrac{BF}{BD}$。

Malmquist 指数则是追赶效应和技术前沿效应的乘积：

$$\text{MI=(Catch-up)} \times \text{(Frontier-shift)} = \frac{AP}{BQ} \sqrt{\frac{BF}{AC} \frac{BD}{AE}}$$

按照下面形式，用 t_2 时期的技术前沿表示 DMU $(x_O, y_O)^{t_1}$ 的效率得分：

$$\delta^{t_2}\big((x_O, y_O)^{t_1}\big)(t_1 = 1, 2, t_2 = 1, 2)$$

用下式来表示追赶效应 C 为

$$C = \frac{\delta^2\big((x_O, y_O)^1\big)}{\delta^1\big((x_O, y_O)^2\big)}$$

技术前沿移动效应 F 为

$$C = \left[\frac{\delta^1\big((x_O, y_O)^1\big)}{\delta^2\big((x_O, y_O)^1\big)} \times \frac{\delta^1\big((x_O, y_O)^2\big)}{\delta^2\big((x_O, y_O)^2\big)}\right]^{1/2}$$

进而可以给出 MI 的形式：

$$\text{MI} = \left[\frac{\delta^1\big((x_O, y_O)^2\big)}{\delta^1\big((x_O, y_O)^1\big)} \times \frac{\delta^2\big((x_O, y_O)^2\big)}{\delta^2\big((x_O, y_O)^1\big)}\right]^{1/2}$$

二、粮食科技投入产出评价

该部分运用 DEA 模型对我国粮食科技政策投入产出效率进行定量评价。采用粮食/农业科技人力资源、科技经费作为投入指标，采用科技成果（发明专利数、科技专著数、公开发表学术论文数）、成果转移转化和人才培养及粮食安全作为产出指标。具体如表 8-1 所示。

表 8-1　粮食科技投入产出指标

一级指标	二级指标	三级指标	单位
投入指标	人力资源	科技活动人数	人
		研发人员	人
	科技经费	内部经费	万元
		外部经费	万元
产出指标	科技成果	发明专利数	项
		科技专著数	项
		公开发表学术论文数	篇
	成果转移转化	专利出售	项
		技术转让	项
	人才培养	本科生人数	人
		硕士生人数	人
		博士生人数	人
	粮食安全	粮食安全指标	0 至 100 之间数值

从中国科技统计年鉴收集相关指标数据，对我国 2000～2016 年粮食科技投入产出效率进行评价。需要说明的是，鉴于数据可获得性，最终选取的指标数据口径为"各地区理工农医类高等学校科技投入产出指标"，以此作为粮食科技投入产出水平的代理指标。基于此数据，运用 DEA 方法测算得出。各省区市（海南、西藏、青海、宁夏由于数据缺失而剔除，并且不包括港澳台地区）投入产出效率结果如表 8-2 所示。

表 8-2　不同省区市投入产出效率

省区市	2009 年	2010 年	2011 年	2012 年	2013 年	2014 年	2015 年	2016 年	平均
北京	0.7564	0.6213	0.6393	0.8197	0.8197	0.8116	0.8722	0.8569	0.7746
天津	0.5083	0.5578	0.5231	0.4642	0.5127	0.5562	0.5669	0.5881	0.5347
河北	1.0000	1.0000	1.0000	1.0000	1.0000	1.0000	0.8300	0.9188	0.9686
山西	0.7569	0.9776	0.8912	0.8521	0.9142	0.7237	0.6716	0.8727	0.8325
内蒙古	0.6765	0.6406	0.8161	1.0000	1.0000	1.0000	1.0000	1.0000	0.8917
辽宁	0.6665	0.9293	0.6512	0.6254	0.6322	0.5715	0.5311	0.6178	0.6531
吉林	0.4489	0.5042	0.4200	0.3958	0.5292	0.4423	0.5362	0.8926	0.5212
黑龙江	0.5751	0.6019	0.6268	0.6578	0.6528	0.7178	0.6624	0.5809	0.6344
上海	0.6893	0.7146	0.6728	0.7527	0.7612	0.7484	0.6304	0.6104	0.6975
江苏	0.9837	1.0000	1.0000	1.0000	1.0000	1.0000	1.0000	1.0000	0.9980
浙江	1.0000	1.0000	1.0000	1.0000	1.0000	1.0000	1.0000	1.0000	1.0000
安徽	0.6456	0.6466	0.4768	0.5679	0.6408	0.9536	0.8322	0.8842	0.7060
福建	0.9528	0.8805	0.9229	1.0000	1.0000	1.0000	1.0000	0.5686	0.9156
江西	0.6057	0.7099	0.8033	0.9818	0.9054	0.8693	0.9366	1.0000	0.8515
山东	0.7427	0.8633	1.0000	0.6550	0.6640	0.8365	0.8996	0.8079	0.8086
河南	1.0000	1.0000	1.0000	1.0000	1.0000	1.0000	1.0000	1.0000	1.0000
湖北	1.0000	0.9587	0.8764	0.9106	0.7625	0.7824	0.7597	0.8448	0.8619
湖南	0.6891	0.5992	0.5913	0.6860	0.7917	0.7368	0.8577	0.8816	0.7292
广东	0.8493	0.7214	0.5833	0.7041	0.7667	0.6530	0.6108	0.5954	0.6855
广西	0.8117	1.0000	1.0000	1.0000	1.0000	1.0000	1.0000	1.0000	0.9765
重庆	1.0000	1.0000	1.0000	1.0000	0.9660	1.0000	0.9471	0.6711	0.9480
四川	0.4833	0.4950	0.5789	0.5871	0.6445	0.7668	0.6416	0.7146	0.6140

省区市	2009 年	2010 年	2011 年	2012 年	2013 年	2014 年	2015 年	2016 年	平均
贵州	0.6127	0.8316	0.6165	0.8277	0.8162	0.7479	0.7725	0.6761	0.7377
云南	0.8113	0.9878	1.0000	0.8694	1.0000	1.0000	1.0000	0.8959	0.9456
陕西	0.8801	0.8180	0.8690	0.9541	0.9762	1.0000	1.0000	1.0000	0.9372
甘肃	0.6821	0.7624	0.6017	0.8653	1.0000	0.8574	0.8688	0.8625	0.8125
新疆	1.0000	1.0000	1.0000	1.0000	1.0000	1.0000	1.0000	1.0000	1.0000
平均	0.7714	0.8082	0.7837	0.8214	0.8428	0.8435	0.8306	0.8274	0.8161

从横向比较看，吉林、天津、四川、黑龙江等地区粮食科技投入产出效率相对偏低。浙江、河南、江苏、新疆、广西等地区粮食科技投入产出效率相对较高。其他省区市粮食科技投入产出效率处于中等水平。

通过计算全国及分地区的 Malmquist 指数可知（表 8-3、表 8-4），除个别年份外，东部地区粮食科技投入的全要素生产率普遍高于中部地区和西部地区。全国粮食科技全要素生产率在 2012 年最低，之后呈现逐年上升趋势，2016年增幅较为明显，主要来自东部地区效率的显著提升。2013 年至 2015 年全国粮食科技投入产出规模效率未达到最优。

表 8-3　不同地区全要素生产率

年份	全国	东部地区	中部地区	西部地区
2010	0.9416	1.0244	0.8115	0.9126
2011	1.0652	1.1628	0.9937	1.0467
2012	0.8660	0.8675	0.8603	0.8722
2013	0.9982	1.1216	0.9984	1.0305
2014	1.0329	0.9772	1.0764	1.0407
2015	1.0986	1.2116	1.0312	1.0795
2016	1.3026	1.3979	1.1256	1.1510

表 8-4 不同地区技术效率

年份	全国		东部地区		中部地区		西部地区	
	技术	规模	技术	规模	技术	规模	技术	规模
2010	0.9416	1.0000	1.0244	1.0000	0.8115	1.0000	0.9126	1.0000
2011	1.0652	1.0000	1.1628	1.0000	0.9937	1.0000	1.0467	1.0000
2012	0.8660	1.0000	0.8675	1.0000	0.8603	1.0000	0.8722	1.0000
2013	1.0054	0.9929	1.1216	1.0000	0.9984	1.0000	1.0305	1.0000
2014	1.0384	0.9947	0.9772	1.0000	1.0764	1.0000	1.0407	1.0000
2015	1.1311	0.9713	1.2116	1.0000	1.0312	1.0000	1.0795	1.0000
2016	1.2668	1.0282	1.3979	1.0000	1.1256	1.0000	1.1510	1.0000

第二节　不同阶段粮食科技政策取向与实施建议

一、粮食调控阶段划分与各阶段目标

（一）2010 年之前：粮食数量安全阶段

2010 年之前，也即"十二五"规划之前，我国粮食调控的首要目标在于粮食稳定增产，做好战略储备，保障满足粮食消费需要。粮食科技政策目标也以保障粮食产量为核心，服务于粮食数量安全。主要调控手段集中在发展粮食生产、提高农业综合生产能力、新农村建设科技促进等。该时期出台了《全国粮食生产发展规划（2006～2020 年）》，但未出台专门的粮食科技发展规划。其中，"十五"期间的国家科技攻关计划典型项目为"国家粮食丰产科技工程"。

（二）2011 年至 2015 年：粮食数量与质量安全阶段

"十二五"以来，我国对于粮食科技发展给予了更多的重视，粮食调控的目标是粮食数量与质量并重。为了贯彻落实党的十八届三中全会提出的"创新、协调、绿色、开放、共享"的发展理念，国家在推进农业现代化、农业科技创新、深化粮食科技体制改革和加快创新体系建设等方面采取了诸多措施。其中包括发布农业可持续发展规划、高标准农田建设规划、粮食稳定增产、促进节粮减损反对粮食浪费等。

（三）2016 年至今：粮食生态与资源安全阶段

"十三五"以来，我国开始迈入粮食生态与资源安全阶段，粮食科技政策目标更为注重粮食行业的长远可持续发展，从追求"产量第一""质量并重"逐步过渡到注重生产绿色、优质、高效的粮食，注重资源节约型和环境友好型的生产方式，从追求粮食数量安全、质量安全逐步过渡到追求数量、质量、生态及资源安全并重的综合安全。该阶段的粮食科技政策包括"科技兴粮"战略、"人才兴粮"战略、粮食产业科技创新联盟建设、发展粮食产业经济、优质粮食工程、国家粮食科技创新专项、粮食行业供给侧结构性改革、转变农业发展方式等。

二、分阶段政策取向与实施建议

粮食安全成为全球关注的重点、热点，实现粮食生产和流通的可持续发展日益成为各国的共识。粮食安全需统筹兼顾社会效益与生态效益。其中，社会效益主要体现在粮食的数量安全与质量安全，而生态效益则主要体现在使农业生态系统的各个组成部分在物质和能量的输出输入数量及结构功能相互适应与相互协调，使农业资源、农村资源得到适度开发、利用与保护，从而实现农业经济、农村经济的可持续发展。

为了全面保障粮食数量、质量、生态与资源的综合安全，实现粮食生产和流通的可持续发展与生态环境持续改善，需要依靠现代科学技术和创新驱动发展。这就要求在新的粮食安全观的引领下，切实转变农业生产方式，对粮食科技政策进行优化和完善。

（一）科技投入与科技金融政策取向及实施建议

1. 稳生产：稳定对粮食生产环节的科技投入力度

在国际、国内经济形势日趋复杂，资源环境约束逐步趋紧，自然灾害频发、重发等严峻形势下，我国的粮食产量仍实现多年持续增长。但是，在现有高基数的基础上，今后粮食产量继续保持稳定增长的难度更大，形势更严峻。因此，建议对粮食生产环节维持稳定增长的科技投入力度，支持生物技术等在动植物育种、生物农药、生物肥料，以及农业微生物发酵工程等领域的运用，提升单位耕地面积和单位能源消耗的产出量，提高粮食生产效率。适当加大对粮食主产区（县）的投入，提高各类补贴资金的针对性与有效性，建立补贴资金与粮食生产挂钩的动态反馈机制，保障种粮农民合理收入，提高粮食主产区的生产积极性，确保粮食产量不滑坡和粮食质量的提升，夯实粮食安全的基础。

加强粮食质量检验监测技术研发，严格监控粮食生产质量，严格管制乱用与滥用农药、化肥及其他添加剂等农业投入品，确保粮食质量安全。建立健全"从田间到餐桌"全流程覆盖的粮食质量安全监管制度、更为严格的粮食质量安全监管的责任制及追究制度，以及粮食质量安全追溯体系。积极探索现代化农业发展的创新模式，比如，社区支持农业模式能够在确保生产者合理收益的同时，使消费者获得安全的粮食，实现生产者与消费者的"风险共担、收益共享"。

调整科研管理机制，推动种子科技自主创新。种业自主创新被列为中国"科技创新2030"9个重大工程首位，是中国粮食安全的基础性工程。为打破发达国家对种业的垄断地位，保障种业安全，中国应坚持以自主选育品种为主，适当引进优良品种为辅，调整研发投入结构，提高基础科学研究的经费比例，加大对种子自主研发项目的资金支持，并以项目的产出为导向，根据自主创新的成果数量与影响力，评定科研人员的岗位、职称与薪酬。

2. 保生态：完善粮食生态安全科技投入政策

为了切实解决农业生态环境污染、生态系统退化等严峻问题，须采取坚决措施，防止和减轻面源污染、灌溉水源污染。发达国家的经验证明，对粮食生态安全科技的资金投入比单方面增加农业物质资本的资金投入更能取得较高且持久的回报。根据我国国情，当前粮食生态安全科技创新投入仍要以财政投入为主体，并以多元化社会资金参与为辅助，鼓励社会及企业加大生态环境科技投入，探索建立多元化的投融资模式。出台税收、补贴等优惠补偿政策，鼓励低能耗、低排放、低污染绿色低碳农业发展模式，引导国际领先的绿色科技与大型企业加入我国绿色农业发展的队列，弥补资金与技术的短板。

建立健全农业资源利用的评价与补偿制度，鼓励绿色化、集约化的粮食生产方式，加大对农业生态保护理念的宣传。科学评价粮食生产的生态环境效应。在兼顾农业生产者经济利益和生态环境保护的前提下，合理确定生态环境补偿标准，探索多样化的生态环境补偿方式，加强补偿资金对生态环境保护的有效投入，提高补偿效率，构建农业生态环境的长效补偿机制。

引导绿色种业和饲料科技研发。建立种子和饲料绿色认证标准，鼓励培育少药少肥、节水抗旱、优质高产的粮食种子，以及研发无污染、安全、优质的饲料，并对研发过程实施监督。抓紧制定完善转基因大宗粮食品种的审定评价指标、标准，推动产品研发、安全评价与品种审定有机衔接，促进自主转基因种子的商业化进程。

（二）科技基础设施建设政策取向与实施建议

1. 建设粮食科技共享平台

深入贯彻落实国家粮食科技创新的绿色发展战略，建立高效的信息技术交流平台及公共实验室服务共享平台；建立科技协同创新机制，推进"产学研""农科教"的一体化建设，建立具有国际前沿水平的粮食科技研发队伍，为"提质增效转方式、稳粮增收可持续"提供强力支撑。

2. 建设粮食科技产学研合作平台

探索构建包括科技创新联盟在内的多种长效而稳定的粮食科技产学研合作机制，鼓励多渠道筹集资金，促进粮食科技研发与粮食投入产出各环节的沟通，有效对接粮食科技供给与需求，提高粮食科技创新产出。

（三）科技创新主体激励政策取向与实施建议

1. 扶持粮食创新企业发展

科学制定对粮食龙头企业、专业合作社等农业经营主体的扶持政策目标，以税收减免、融资帮扶、财政补贴等多元化的扶持政策，激励粮食企业加强粮食科技创新研发；不断完善知识产权保护相关的法律政策，为粮食企业的知识产权与技术创新提供有效的法律保障。推行科技保险与科技创新券，对粮食企业科技保险补贴险种予以保费补贴，对用于购买或提供科技创新服务予以补贴。

2. 改进粮食科技创新项目选题

完善粮食科技创新研究项目的选题及考评体系。建立以保障粮食安全需要及生态环境保护需要为导向的科研选题筛选标准、以生态环境改善效益为核心的科研考评体系，以科研成果的经济效益和生态效益的综合评价为主的验收依据，使绿色农业的科研成果能够充分满足农业可持续发展的需求。

（四）科技成果转移转化政策取向与实施建议

1. 加强粮食科技的推广及应用

要以粮食科技推广应用为载体，以农业资源利用效率提升和生态环境改善为核心，以农业资源循环利用、农业生态环境保护为重点，以粮食生态资源安全为目标，推广及应用资源节约型的耕作、播种、施肥、施药、灌溉与旱作农业、秸秆综合利用等绿色技术。加强农民及农业企业培训，提升农民及农业企业的资源节约、环境保护的理念。

打造粮食科技成果中试熟化平台，并将其纳入科技创新券支持范围；发展技术转移机构，对其促成的科技成果转化项目给予奖励。支持各类科技服务机构入驻交易市场。

2. 优化绿色粮食科技推广政策

绿色科技成果推广服务在"绿色农业"战略实施中起着"最后一公里"的关键性作用。农民是农业生产的实施主体，绿色农业科技成果的转化需要通过农民生产劳动来实现，因此，要加大向农民普及与宣传绿色农业科技的力度。一是加强公益性绿色技术推广服务队伍建设，不断完善绿色推广技能培训与成效考评制度；二是制定绿色科技专项人才计划和激励政策，鼓励科技推广服务人员加强业务学习与培训，提升业务技能素质；三是提高农业科技推广服务人员的社会地位，保障科技推广服务人员的薪酬待遇，充分调动绿色农业科技推广服务队伍的积极性。

（五）科技创新人才激励政策取向与实施建议

1. 创新粮食科技人才管理方式

鼓励农业研发机构设立特聘岗位，专用于引进高层次粮食科技人才，允许国有企事业单位设立流动岗位，吸引国内外高层次粮食科技人才兼职。建立高层次粮食科技人才分类评价体系，分层次对高层次粮食科技人才实施阶梯性支持。

2. 改革人才评价机制，促进科技成果转化

落实《关于开展清理"唯论文、唯职称、唯学历、唯奖项"专项行动的通知》，要按照职能定位和发展方向，建立以实际贡献为评价标准、与岗位职责目标相统一的科技创新人才收入分配激励机制，使分配向优秀人才、关键岗位倾斜。要大力造就一批粮食行业管理人才、粮食科技创新人才、粮食高技能人才和粮食后备人才，为发展粮食产业经济，保障国家粮食安全提供人才支撑[1]。鼓励科研机构优化职称评审和改革绩效工资制度，将产学研合作与科研成果推广纳为职称评审指标，在薪酬设计方面，纳入科技成果转化量化指标，并提高比重。

第三节　加快完善国家粮食种业科技创新体系的建议

2018 年中央一号文件聚焦实施乡村振兴战略，明确提出"提高农业创新力、竞争力和全要素生产率，加快实现由农业大国向农业强国转变"。万钢指出：种业位于农业产业链的最上游，是国家战略性、基础性产业，也是决定现代农业发展的核心要素。多年来，我国种业的持续发展为我国现代农业建设以及农产品产量的持续增长做出了重要贡献。但是，我国种业发展中仍然存在着创新能力不强、市场竞争力不高等诸多问题，已经成为制约我国现代种业乃至现代农业可持续发展的重要因素。加快推动现代种业发展，关键在于科技创新。

我国的农业用种量需求巨大，种业始终是国家战略性、全局性、基础性的核心产业之一。粮食种业的资源投放涉及国家、企业和各类机构的协调与

联动，是系统性问题。完善种业科技创新体系可有效提升国际竞争力，推动粮食种业高质量发展。

一、完善粮食种业科技创新体系的必要性

粮食种业科技创新体系在初始阶段是自下而上的推动建设，各类种业科技创新主体在摸索中相互协作，共同推进创新体系的形成。但在创新体系构建的后期，就需要自上而下的推动，突破已有区域范围内的"小团体"协作，形成更大范围内的协作体系，调动各方资源投入，突破协作瓶颈。目前，我国 80%以上的农作物种质资源和育种人员等资源，集中在国有的科研院所和教学单位，种业企业等其他单位与机构占有的育种资源不足 20%；80%以上的科研经费投入主要在农业科技应用技术研究，真正从事育种的科研经费不足20%；80%以上的农作物育成品种来源于国有的科研院所和教学单位，来源于种业企业等其他单位与机构育成的新品种不足 20%[2]。目前创新体系存在以下问题：一是，现阶段中央与地方育种单位分工不明确，导致科研工作重复。育种是一项长期性的工作，重复投入势必会造成极大的资源浪费，完善粮食种业创新体系，明确中央与地方的权责，并根据不同地方的地理及人文特点因地制宜地发展种业创新，能极大推动我国整体种业发展。二是，全国性的协作平台尚未建立。目前我国还缺少国家级实验站网络体系，不能为育种实验研究积累数据并实现信息共享。因此，需要加快改进完善种业创新体系。

（一）有利于促进商业化育种机制形成

商业化育种机制是高效利用现有资源，并最大限度发挥企业作为主要创新主体的一种机制。当前，我国的育种模式多为作坊式的育种，这种育种模式与发达国家的种业巨头带动的育种模式有显著差异。其规模小、形式散和效率低的特点严重制约种业科技化的进一步发展。另外，科研院所的育种模

式主要依托课题进行，与跨国公司工厂化育种相比存在较大的局限性。构建完备的种业科技创新体系能将科技资源与种业产业集团进行对接，进一步促进集团化种业产业对整个种业产业链的带动作用，并明确科研院所在商业化育种过程中的作用和地位，减少创新体系各主体间的信息与资源的交叉浪费。

（二）有利于促进产学研用联动

种业创新体系包含从研发到商业化的全过程，涉及大学或科研机构、企业、种植户以及政府之间的协调与联动。大学及科研机构在进行种业培育的基础上一部分选择与企业合作，另一部分选择自己成立种业公司，通过一体化战略实现对良种资源的控制，这在一定程度上使得创新体系内部分工出现了一定的同质化竞争。同时，我国育种企业科技研发能力不足，部分企业采取"只买不研"的低端生产经营方式。构建健康有序的种业科技创新体系能明确各部门分工，实现以产业为主导、企业为主体、产学研用相结合的现代农业种业体系。种业存在一定的特殊性，其农户端是作为产业链的延长部分存在，在一定程度上农户的种植水平也会影响到整体产业的最终水平，因此创新体系不仅要关注前端的研发和生产，种植也是较为关键的一个环节，构建种业创新体系能增强农户与各类机构之间的协调性。

二、完善粮食种业科技创新体系的若干建议

（一）构建"基因组研究"到"田间育种"集成工具和平台

"基因组研究"以及产品的大规模推广是未来种业科技发展的关键。在过去的几十年中，植物育种创新在一定程度上是依靠"遗传学的力量"，使我们能够满足不断变化的世界对粮食越来越高的需求。未来的种业科技创新的制高点是"基因组研究"，利用其能有效拓宽育种领域的疆界。针对我国目

前基因组学育种技术创新与应用不足的特点，建议构建"基因组研究"到"田间育种"集成工具和平台。平台的建设能最大限度集成研发和生产环节的多主体，有助于解决非常规育种存在的技术难点，加强非竞争性主体资源和信息的共享，加快育种进程。重点建设一批国家和区域性育种中心、国家实验室，快速提升我国种业科技条件基础支撑和保障水平。

（二）以企业为主体，加强上中下游、产学研用紧密结合，开展联合攻关，构建现代种业创新体系

种业科技创新体系的建设离不开各主体的联动，充分调动各方积极性，使上中下游进行联动，做到从作物新品种育种到示范推广再到产业化的无缝衔接是提升种业科技竞争力的关键。种业企业是国家种业发展和种业科技创新的重要载体，联合种业科技创新体系各方优势，利用互联网、大数据等信息资源，促进种业企业做大做强，并拓展其后续经营与服务业务。在政府方面，政府应从宏观战略角度明确种业企业在种业创新体系的主体地位，围绕企业需求打造过硬的支撑平台，促进以企业为主体的产学研的创新联盟的形成，以解决我国育种研究中存在的"3个80%"问题。政府、企业以及科研单位要打通人才的流动机制，使种业科技人才能在各主体间实现无阻力流动或共享，真正使科技人才"活起来"，利用人的连接性实现各创新主体的共同发展。

（三）加强种业科技创新体系的监管能力建设

强化种业体系的监管，规范研发、生产、销售等多环节的日常监管体系，并将监管主体有效融入种业科技创新体系。除日常监管外，还要健全农作物品种的退出机制，清理风险高、收益低或有缺陷的品种，不给非法经营者留下可乘之机。加大新产品专利的保护与监管力度，防止在转化过程中的各类

侵权问题的产生。加强销售体系的建设监管，审核新品种的展示、宣传与推介，防止虚假宣传对市场造成的不良影响，积极引导农民科学选种、科学育种，并搭建生产端与种植端沟通的桥梁，加快优良品种推广的速度。

参 考 文 献

[1] 刘慧. 实施"科技兴粮""人才兴粮"战略 我国粮食产业正向质量提高转变[J]. 粮食科技与经济, 2018, 43(4): 5-6.

[2] 侯军岐. 我国种业科技创新体系建设研究[J]. 中国种业, 2017, (1): 13-17.